Write It Down,

Make It Happen

自律

複利手帳

夢想成真不是奇蹟是累積
每天做一件能做的事

王瀟達到了一個了不起的境界「知行合一」,她把自己活成了一個
自我管理的厲害樣本,而且不靠背景、不靠運氣,只靠時間本身的力量。
她的每一本書我都認真讀過,因為她說的每一個理念,她自己都做了,
而且都做到了。她就是時間的朋友,所以對於她的書,我只有一個建議:
照著做,你也行。

————脫不花・邏輯思維首席執行官

所有的人都是自己的所有經歷疊加在一起,成為了今天的自己,時
間是最好的證明。

————馬東・米未傳媒創始人、愛奇藝前首席內容官

# 願望成真不是幸運，
# 而是可以一步一步學會的

　　人生當然可以計畫，夢想也可能實現，但很多時候明明知道做什麼才是對的，就是沒有動力？感覺會很大程度地影響一個人的行為，想持續養成好的習慣，最好降低阻力和提高動力，從一件件微小的、簡單的事開始累積，讓計畫容易實行。

　　解決生活的優先順序，面對內在的貪婪與恐懼、軟弱與渴望……認識自己，是每個人都必須經歷、無法迴避的問題。你必須不斷追問和定義自己，找到當下所在的位置，那也是實現夢想的起點。

　　達成想要的目標需要步驟和方法，才能提高成功機率，手帳是個工具，一天天從無到有，幫我們鋪陳去往遠方的台階。請相信時間的力量。

## 如何使用本書

　　我希望能夠清晰描述出它對你實現願望的幫助。不過，我知道每一個人終將會從自己的角度出發，因此，期盼你能根據以下的說明來進入本書，找到你最需要的章節或者段落開始閱讀——哪個部分最貼近你現在的需要和願望，它就最應該被讀到。

### Part 1　紙上有神

　　我在這部分列出許多手帳故事，並告訴你有誰曾在紙上描繪過和預言了未來，讓信任充分發生。雖然階段和文化並不相同，但精神與能量

蘊含在紙本之中，面對空白的手冊，你要相信改變的力量同樣在你身上也會產生作用。

## Part 2　寫下來的願望更容易實現

在這部分，我會敘述作為一個經驗豐富的願望實踐者，從願望寫下到實現，需要去主動完成的五個條件，我會描述每一個條件是如何發生作用的，它們為什麼不可或缺。

在我設計的《趁早效率手冊》發行的十幾年中，我看到大量使用者會把願望的中斷，歸納為未開始和未完成，但其實未開始和未完成都只是結果，而不是原因。這五個條件才是原因，才能解釋我們為什麼得到的是未開始或未完成。你可以在閱讀時嘗試回顧過去，透過比對這五個條件，辨認出之前缺失所在，接下來就可以在未來的願望實現道路上加以修補。

這一部分非常關鍵，身為作者，同時也是時間管理和行為養成的深入從業者，誠懇建議你要閱讀完整。如果你想立刻進入自己的願望書寫程式，可以先讀這一部分，然後在需要鼓勵時讀第一部分，具體執行時讀第三和第四部分。

## Part 3 & Part 4　繪製你的命運地圖 & 寫下你的願望

這部分引導和講解一生的計畫與各種願望具體怎麼寫，是一個互動填寫部分。很多效率手冊的使用者在每個新年開端，都曾反覆填寫過一生的計畫，在其他不同的生活場景中，也許填寫過其他主題手冊或者願望清單。

如果你想要生活有所不同，這部分在本書閱讀完成時，應該也呈現填寫完成的狀態，因為填寫是思考的下一步。尤其當你讀完第二部分再寫，也許會獲得不同的覺醒，新的覺醒會啟動新的行為。

# Contents

## Part 1 | 紙上有神

人的信念能夠對行為帶來影響，我們的大腦隨時隨地都準備好做出各種改變，堅信自己的想法會實現，然後寫下來，對大腦發出正面訊號，只要每天重複，大腦會感知並記住模式，你會發現自己真的照著這些文字在行動。

## Part 2 | 請相信，時間的力量

把該做、能做、想做的事拆解成具體步驟，幫你專注最重要的事，建立夢想的實現路徑，利用多功能手帳訂定計畫，替時間歸位，喜歡的事持續做，討厭的事讓它變得簡單，不必依賴意志力養成慣性。

# Part 3 | 繪製你的命運地圖

藉口很多，行動很少，你把時間花在哪，就會成為什麼樣的人，從一連串小作為、小選擇與小決定開始，每天前進一點點，你也能完成想要的目標和成果。

# Part 4 | 寫下你的願望

用筆記的方式把心定下來，也將自己從低潮的狀態帶出來，
寫下來就有幫助，任誰都能做得到，動筆找到前進的方向，
你的生活將開始改變。

# Part 1

# 紙上有神

人的信念能夠對行為帶來影響，我們的大腦隨時隨地都準備好做出各種改變，堅信自己的想法會實現，然後寫下來，對大腦發出正面訊號，只要每天重複，大腦會感知並記住模式，你會發現自己真的照著這些文字在行動。

在這本書裡，我想重新梳理一次，關於人們為何如此信任和使用紙本工具，手帳又代表著什麼精神。這種印著橫線和日期、用來做計畫的本子，在一開始被叫作「效率手冊」，效率這個詞，強調關注單位時間中的生產能力。為了提高生產效率，團體和個人需要在周期、進度和時間管理上達成共識。同時具備專案管理和時間管理思維，以供人們在工作、學習與人生規劃中使用。

世界各地有許多紙本愛好者和著名品牌生產的手帳，歐洲、美國、日本都有著各自的發展和淵源，每一個類別皆有其愛好者。尤其在日本，手帳文化已經非常繁盛和普及。

我希望能夠盡量全面地，和大家探討效率手冊的設計理念和使用真諦。手帳使用不存在最權威的方法，對每個使用者來說，適合、好用、見效的方法並不相同。但是，對於想要實現願望的人來說，把念想寫下來，是一個基本的前提。

在讀到這本書關於使用方法的引導和講解之前，我希望大家可以放大視角，了解全球的手帳文化史，從中獲得更多的聯想和啟發。我們嘗試看看在人類文明的長河中，手帳發揮了什麼樣的作用，也許可以幫助我們在使用的時候，理解得更深遠一些。

# 史上最賣座手帳：富蘭克林的窮理查年鑑

知名的政治家、科學家、外交家、發明家、美國首位郵政局長——班傑明・富蘭克林（Benjamin Franklin），以窮理查為名，生平第一次出版了自己編寫的年曆—— 1733 年的《窮理查年鑑》，並在空白頁印上幽默睿智、振奮人心又一針見血的智慧格言，希望大眾能以輕鬆的方式培養各種美德，並以勤儉創造財富。

這個頭像被印在百元美鈔上的男人，可能是第一個有記載的，透過使用筆記管理時間、管理人生、養成習慣的手帳達人，可以說，他是手帳文化的鼻祖之一。這本書近三百年歷久不衰，改變美國，也改變了全世界。

富蘭克林是一個跨界的天才，有很多為人熟知的身分。他是科學家，在電學方面，做過著名的費城風箏實驗，創造了物理學上一些專有名詞，如正電、負電、充電；他是發明家，發明了避雷針；作為外交家和政治家，他參與起草簽署了很多歷史上非常重要的文件，最著名的當屬美國的《獨立宣言》。

富蘭克林出生在美國波士頓，只上過兩年學。十二歲的時候，開始在哥哥手下當學徒，在印刷所工作，所以獲得很多閱讀的機會。例如《人類理解論》（An Essay Concerning Human Understanding）、《思維的藝術》、《回憶蘇格拉底》。閱讀量多了以後，富蘭克林開始嘗試寫作。寫作是一個和自己對話的過程，在文字的背後，一定經過大量綿密的思考，來支撐每一個字、每一個觀點的輸出。

富蘭克林可以算是十八世紀的部落客，因為興趣廣泛，他寫的內容也很多元。小到如何釀造葡萄酒，大到討論州議會新推行的政策。如果從結果來看，這一切外部條件，包括手帳的使用，都是奠定其一生成就的基礎。

他是如何使用手帳的呢？富蘭克林在自傳中這樣記載：

> 我想出一個勇敢而艱辛的計畫，以達到完美品德。並期望一生當中的任何時候，都能夠不犯任何錯誤。我想克服所有缺點，不管它們是因為天生的愛好、後天的習慣，還是由於交友不慎引起的。

富蘭克林列出十三種他認為非常必要的德行，這就是後來眾所周知的「自我修煉戒律」：

01. **節制**（Temperance）。食不過飽，飲不過量。
02. **沉默**（Silence）。言必於人於己有益；禁止無益的閒談。
03. **秩序**（Order）。一切東西都有自己的位置；日常事務何時起、何時完，當有它們的安排。
04. **決心**（Resolution）。當做必做；決心要做的事堅持不懈。
05. **儉樸**（Frugality）。用錢必於人於己有益，戒除浪費。
06. **勤勞**（Industry）。勿浪費時間；每時每刻做有用的事，戒除不必要的行動。
07. **誠懇**（Sincerity）。不欺騙人；勿思邪惡，唯念正義，說話也應如此。
08. **正直**（Justice）。不做有害他人的事，也不要忘記履行對人有益的應盡義務。
09. **中庸**（Moderation）。避免極端；若受到應得的處罰，要容忍，勿

發怒。

10. 清潔（Cleanliness）。身體、衣服、住所力求清潔。

11. 寧靜（Tranquility）。勿因瑣事或無法避免的普通小事而驚慌失措。

12. 貞潔（Chastity）。除為了健康或者生育後代，不行房事；萬不可房事過度傷害身體，不要損害自己或者他人的安寧或名譽。

13. 謙遜（Humility）。仿效耶穌和蘇格拉底。

　　這十三條戒律，始終指引著富蘭克林。他希望養成全部的美德，基於這個強烈的動機，他想到一個看起來有點笨，但是實際效果卻格外顯著的辦法。他認為，一下子全面實行會分散注意力，所以決定在一個時期內只培養一項，達到其中一項之後，再開始另外一項。這叫作集中優勢資源，各個擊破。

　　歷史的一刻出現了。富蘭克林做了一本小冊子！就像下頁圖中所展示的一樣，每一種德行占一頁。每一頁橫軸按照星期分成七行，縱軸分成十三列，每一列註明代表美德的縮寫字，用小黑點記錄下這一天的過失。

　　富蘭克林是這樣管理這張表格的：他每一周只專注在一項美德上。譬如說這一周的重點是「節制」，那麼在這一周裡，他將保證「節制」的那一行中，不會出現小黑點，而其他的美德，只是在每天晚上記錄下有關的過失。然後，再把注意力擴大到第二項，確保在下一星期內，前兩行是沒有小黑點的。

　　依此類推，直到最後一項，十三個星期為一個大循環，每年可以這樣循環大概四次。富蘭克林就是利用這種 13×7 的表格，不斷細膩地修正他人性上的種種缺點。為了能讓生活更有秩序感，他希望給每一件事情，都事先分配好一定的時間。於是在這本小冊子中，有一頁二十四小時的作息時間表：

這張作息時間表看起來，是不是很眼熟呢？

上午五點起床，問自己一個問題自省：今天我將有何收穫？

五點到八點，起床、漱洗、向萬能的上帝祈禱、安排一天的事情，繼續研究，吃早飯。

八點到十二點，工作。

十二點到下午兩點，讀書、瀏覽帳單、午飯。

下午兩點到六點，工作。

下午六點到晚上十點這個時段，再問自己一個問題自省：今天我有什麼收穫？然後在這段時間內，把東西歸位、晚飯、音樂、娛樂、聊天。

晚上十點到凌晨五點是睡覺時間。

### TEMPERANCE.
*Eat not to dulness; drink not to elevation.*

|       | Sun. | M. | T. | W. | Th. | F. | S. |
|-------|------|----|----|----|-----|----|----|
| Tem.  |      |    |    |    |     |    |    |
| Sil.  | *    | *  |    | *  |     | *  |    |
| Ord.  | *    | *  |    |    | *   | *  | *  |
| Res.  |      | *  |    |    |     | *  |    |
| Fru.  |      | *  |    |    |     | *  |    |
| Ind.  |      |    | *  |    |     |    |    |
| Sinc. |      |    |    |    |     |    |    |
| Jus.  |      |    |    |    |     |    |    |
| Mod.  |      |    |    |    |     |    |    |
| Clea. |      |    |    |    |     |    |    |
| Tran. |      |    |    |    |     |    |    |
| Chas. |      |    |    |    |     |    |    |
| Hum.  |      |    |    |    |     |    |    |

| | | |
|---|---|---|
| The morning question, What good shall I do this day? | 5 | Rise, wash, and address *Powerful Goodness;* contrive day's business and take the resolution of the day; prosecute the present study; and breakfast. |
| | 6 | |
| | 7 | |
| | 8 | |
| | 9 | Work. |
| | 10 | |
| | 11 | |
| | 12 | Read or overlook my accounts, and dine. |
| | 1 | |
| | 2 | |
| | 3 | Work. |
| | 4 | |
| | 5 | |
| | 6 | Put things in their places, supper, music, or diversion, or conversation; examination of the day. |
| | 7 | |
| | 8 | |
| | 9 | |
| Evening question, What good have I done today? | 10 | |
| | 11 | |
| | 12 | |
| | 1 | Sleep. |
| | 2 | |
| | 3 | |
| | 4 | |

　　我們一直認為成功一定有什麼祕訣，但是真理都是樸素的。富蘭克林的過人之處，就在於他日復一日的重複。後來他這本小冊子用得好，又因為熱愛寫作，總結了很多語錄，索性把小冊子和語錄融合在一起，設計出版了一個帶著箴言語錄的計畫型日記本，就是著名的《窮理查年鑑》（Poor Richard's Almanack）！

1732 年，富蘭克林用理查・桑德斯（Richard Saunders）這個筆名，第一次出版了年鑑，成為當時賓州的爆紅產品，全州數萬人口幾乎人手一冊，並連續出版了二十五年。

這是《窮理查年鑑》中，一些比較經典的箴言語錄：

Great Talkers, little Doers.

語言上的巨人，行動上的矮子。

Eat to live, and not live to eat.

吃是為了活著，但活著不是為了吃。

Would you persuade, speak of Interest, not of Reason.

勸人要談利益，空講道理最無用。

這些箴言後來都透過《窮理查年鑑》流傳下來，可以說二百年前的富蘭克林，就掌握了在當時最有效的傳播手段，隨著這些手冊的使用，讓他的思想進入使用者的心智中。這個案例，絕對可以算是傳播學的經典。

在這本手冊中我們可以看到，這絕不是一本普普通通的冊子而已，它是精神的載體。是富蘭克林把這種勤於思考，有節制、有追求的生活理念，帶給了整個賓州乃至全美國人民。

或許有人會問，我也喜歡樹立自己的信條，用腦子記不行嗎？人類的大腦，從來都不是儲存資訊的最佳設備，因為人類的大腦容量有限，且只習慣儲存特定的資訊，這些資訊往往是和生存相關的。

所以，聰明的富蘭克林，用他的策略非常極致地解放了大腦，將抽象變具象，將一個本子變成他自我的信仰，然後影響了賓州人的生活。借助這一股力量，成為十八世紀耀眼的靈魂人物，他的思想光輝一直照耀到今天。

# 古今中外的手帳

　　手帳既是一種思考和生活方式，也發展成了一個行業。既然是行業，就有它的文化、歷史和知識點。大家可能會問，為什麼同樣的本子，有的地方叫手帳，有的地方又叫手冊呢？

　　2000 年以後，隨著網路時代的來臨，「手帳」這個詞才從日本傳過來。在日語的意思裡，「手」代表放在手邊，隨身攜帶；「帳」代表備忘的小冊子。

　　手帳文化的出現，不是隨機的，而是有其歷史基礎和發展方向的。在富蘭克林之後的一百年間，手帳從美國傳到了歐洲，又從歐洲流傳至日本。在日本最早使用手冊的人，就是福澤諭吉。

## 第一代手帳：懷中日記

　　日本的手帳評論家館神龍彥，在他的著作《手帳的文化史》❶ 中認為，日本手帳文化的開端來自福澤諭吉。福澤諭吉是日本近代非常重要的一位啟蒙思想家、教育家，被評價為最早將經濟學從西方世界引入亞洲的先驅之一。

　　1862 年，日本派遣使節團出使歐洲各國，福澤諭吉也隨行。由於在西方國家的見聞太多，他看到的醫院、銀行、郵政法、徵兵令、選舉議會制度，已經在大腦裡裝不下了，便在法國當地買了一本手帳做筆

註 ❶ 《手帳的文化史》
　　這本書的作者館神龍彥被認為是日本的手帳小王子，對手帳歷史有非常深刻的洞見。

記，然後帶回日本。

在 18 世紀的法國，巴黎人用手帳是最順理成章的，因為藝術家多，他們都會隨身攜帶一個黑色皮面的寫生或者素描本，寫寫畫畫，沒有格子和內容，只是白紙。在歐洲的這支手帳派別，特徵就是黑色、硬皮、白紙。以 Leuchtturm（德文「燈塔」之意）和 Moleskine（法文「鼴鼠皮」之意）為代表的兩個品牌，就屬於這支派別。

後人總結這一段起源，稱福澤諭吉買的這種空白本，為西航手帳。西航手帳出現十七年之後，也就是 1879 年，又有「懷中日記」問世。它是在明治 12 年年末，由大藏省印刷局發行的。從字面上來理解非常容易，形容的就是袖珍型、能放到懷中的日記。這也是第一個由印刷局開始批量印刷的手帳。批量印刷意味著影響力擴大，很多人都開始使用，不可小覷。

例如明治 20 年的手帳，大約二百頁，內頁是一頁二天，每個月都會有會計收支的頁面。按照現在的分類，可以算是理財類手帳的分支出現了。

扉頁是印刷局局長寫的一篇序，講述了這個手帳的來歷。局長偶然從一位外國人處看到一個本子，發現大家會用這個本子來記錄日常，所以他也照著樣子做了懷中日記。

## 第二代手帳：軍隊手牒

緊接著 1882 年，日本出現了「軍隊手牒」，意即軍事手記。在每一本手記中，卷首的位置放了明治天皇頒布的《軍人敕諭》，內容包括：忠貞、禮儀、武功、信義、勤儉。用來管理和規範軍人的思想和行為。

讓我們穿越回到 19 世紀，那個時代還沒有網路。每天的天氣、季節變化，地形條件，武器、食品管理，戰術配合，都是影響作戰結果的關鍵因素。為了讓訊息有效傳遞，軍隊手牒就一定會被廣泛應用。

這個時候的軍事筆記，功能已經不再局限於訊息備忘了。20世紀初的第一次世界大戰，沒有手機、網路和便利的通訊設備，需要用這個手冊來幫助戰爭勝利。一場大規模的武力衝突，催化、擴張了軍事手記的影響力。

從這個故事我們可以了解，手帳有兩個非常核心的功能，第一是傳播思想，如天皇把敕諭寫在前面；第二是幫助使用者執行，無論是大到軍隊這樣的作戰團體，還是小到個人皆然。

假設，我們每個人下一階段的人生目標是一場小戰爭，若想打贏，不妨幫自己擬定每一天的作戰計畫。一個人就是一支隊伍，怎麼利用手帳打勝仗，道理是可以借鑑的。

我們可以將軍事手牒分類為第二代手帳。嚴格來說，這份手牒的內容，包括軍人敕諭、個人的基本資料、軍隊編制等資訊，還沒有發展出日程欄。

## 第三代手帳：年玉手帳

第三代手帳，就是年玉手帳。它幾乎就和我十三歲時，媽媽送給我的第一本效率手冊非常相似了，我人生擁有的第一本手冊上面就是寫著日文的。

在當時的日本，年玉手帳是把業務相關的資訊匯總在一起，同時又預留了一些可以記錄的空白空間。每年的歲末年初，企業就會像發紅包一樣，給每一位員工一本年玉手帳，這可以算是當時的貴重物品了。

從年玉手帳開始，這種設定目標並記錄執行的方式，在日本廣泛地流行起來。我相信在電腦和手機出現之前，手帳作為最核心的工具，一定為當時的經濟起飛，貢獻出巨大力量。尤其對公司來說，這不僅僅是一個普通的手帳，也是精神和意志的實體展現，能夠讓員工更有歸屬感。

後來由於泡沫經濟破滅，景氣蕭條，公司的預算被大幅削減。年玉手帳逐漸消失，社會對個人的庇護度下降，但是，個人的自由選擇度上升。人們發現即使公司不發制式手帳了，自己也可以另有所擇呀，尤其是能自選喜歡的紙質、版式還有封皮，於是手帳再次受到人們的關注。

年玉手帳是現代手帳的前身，之後現代手帳根據內容和用法的不同，而演化出更多分類。在日本，更是形成幾乎人手一本的手帳文化，有大量關於手帳活用術的書籍被出版。

我每次去東京，都要到銀座的伊東屋（Itoya）逛逛，那裡簡直是全球手帳控的中心，一整個七層的商場都只賣手帳，絕對是超強的日本手帳文化才能做到，此項文創產業的市值已高達四千五百億元。

## 第四代手帳：現代手帳

現代手帳主要以效率工具著稱，增添了日期、時間軸、排程，也多加了管理的屬性。隨著認知心理學、行為心理學的發展，手帳的功能也越發豐富，現在被認為是行為管理、目標管理的利器。這說明我們實現目標和夢想，都需依賴此保持自我驅動和自我監督的系統管理工具。

檢視手帳的發展史，它作為工具，對個人同樣有著不可忽略的戰略地位。當手帳也進入你的生活，你就會更理解一個人對人生意義的選擇，都會投射到每天每月的行為上。

無論是見證奮鬥的效率手冊，還是記錄多種生活方式的手帳，它從來都不是一個簡單的本子，而是使用者的一生。我所見到的手冊愛好者們，無論他們的興趣是什麼，都做到了因手冊而生活得更豐富、更亮麗。

我和他們一樣，與其說是手冊愛好者，不如說是願望實現者，因為太愛人生裡有限的時間和可能性，所以就一頁一頁地去實現。我們愛手帳，是因為我們愛人生。

到這裡，你應該已經理解效率手冊和手帳的關係了。它們屬於同一

個起源，其使命都是為了各種文化下人類的創造而生。在功能性上，效率手冊對應的願望更具體，目標更集中。而手帳更匹配自訂的寫畫用法，使用起來輕鬆多樣。廣義上，手帳是指有日期標識、能夠用來記錄進程、裝訂成冊的紙質工具。

當我們不僅僅滿足於簡單書寫，便在紙本上將生命以時間區隔，並全神貫注地構想描繪，使手帳開始變成一種視覺表達的藝術形式。是借助顏料畫筆，透過繪畫、拼貼，對手冊二次創作的過程。可以說是記錄的一種高級形態，也是底層思考和設計技巧的統一。

**Part 2**

# 請相信，時間的力量

把該做、能做、想做的事拆解成具體步驟，幫你專注最重要的事，建立夢想的實現路徑，利用多功能手帳訂定計畫，替時間歸位，喜歡的事持續做，討厭的事讓它變得簡單，不必依賴意志力養成慣性。

# 活成自己想要的模樣

　　一個願望，從寫下來到實現之間，到底有幾個步驟？那些寫下願望並實現的人，究竟都做了什麼呢？當讀完這部分的五個步驟之後，請慎重寫下你的願望，因為它們會實現。

## 第一步：許下一個好願望

　　想要有光，才會有光。願望，就是給自己的願景與渴望，是去想想這一生裡究竟要做什麼，然後去做，將它做成。我想，我做，我做成了，這是一種模式，這本書的作用，就是讓我們能夠進入這個模式的良性循環。許願，是這個模式的起點。

　　每當你為未來許願，會許給它催生孵化的一切環境和遇合。願望會讓你目力所及的事物重新排列組合，以新的秩序向你展現；願望會讓訊息依它的樣貌加強或隱去。一旦願望確認，你就會發現，走在哪裡都是去往願望的路上，明確的願望會讓道路變得清澈，讓心變得安寧。

　　因此，你需要許下一個好願望，這是一件很重要的事。一個好的願望，首先是一個能讓你講下去的故事。你認為人生是熔爐，你就是鋼鐵洪流；你認為人生是寶藏，你就是尋寶人；你認為人生是山峰，你就會成為登山者；你認為人生是賭場，你就是賭徒。

　　所有偉大故事的開端，都是從空氣中流淌著的故事線索開始，而所有好故事都有一個起點，也許就是此時此刻。當你意識到時，已經身處一個故事之中了。之後的問題就是，你準備把這個故事還未發生的部

分，向前講多久——你能想像到的、所有未發生的美好畫面，就是你的願望。

你要相信，自己一定有著向前講故事的能力。你能夠構思未來的發生，也有辦法讓自己和參與的人都相信這個未來能夠發生。你要相信，那些把願望寫下並實現的人，是因為想像了故事，然後故事才在時間中漸漸顯露出來。

一個好願望需要來自一個好故事，一個好故事總有原型。讀人物傳記，看小說電影和人物訪談都是尋找故事原型、不斷汲取生命能量的過程。你的人生是什麼樣子，取決於你選擇像誰那樣活著。

## 第二步：訊息蒐集與路徑設計

一個好的願望會產生兩樣東西：一是追逐願望的力量；二是啟動追逐願望的路徑設計。二也許會在一出現後許久才現身，直到有一天條件成熟機會來臨。遠在結果之前，種子早已種下，當環境滿足條件，種子就會發芽，我們也會尋找條件讓它發芽。

人有兩類差異，第一類是初始值差異，第二類是願望差異，分別決定了起步的位置，和願望能夠到達的程度。其中的願望差異，讓起步的人們蒐集到的資訊也有所不同。人們是根據這些資訊去進行路徑設計的。或者說，路徑設計不只基於願望，還基於資訊蒐集。很多時候，人們只做了許願這一個動作，並沒有真正啟動資訊蒐集工作。事實是，如果資訊蒐集不夠完整，連願望也許不好。

因為人並不是總能獲得願望——有時候人們確實不知道自己想要的是什麼，直到看到為止。最初的有效願望，一樣需要來自資訊蒐集。一個人想像力的邊界，就是腦中資訊排列組合的界限。任何一個人的智識、認知、經驗和技能，都需要先從環境資訊中去累積和學習。很多時候，一則嶄新的資訊，就足以改變我們的視角，讓眼前的世界呈現出前

所未有的樣子。

那些把願望寫下並實現的人，首先對願望及實現，做了足夠的資訊蒐集工作。沒有資訊的累積，人很難做出有意義的決定。當資訊累積的差異傳遞給願望，再由願望給出路徑，再經過出發後的執行，就形成了現實的差異。所以，造成人和人之間不同的，短時間看是起步，長時間看是願景的路徑。

在這個資訊充斥的世界裡，清晰的願望本身就是一種力量。因為過程中，會發現大量資訊都是無效和無用的，我們所能接觸到的知識，也只是世界很小一部分，但是所有的這些，都在為整個人生奠定很重要的基礎。人們那些有趣創新的想法，都是把所接觸的資料，進行排列組合的結果，沒有足量的資料就不可能有想法。人們的觀察、尋找、搜索、聯想，都是累積和互相點亮在發生作用。

你也一樣，需要學習從已知推理出未知，找到一條由資訊組成的有效路徑。是願望的召喚透過執行者塑造了路徑，這個路徑就像一條線，一頭連接著未來願望，一頭連接著此刻生活，中間是不斷堆積、點線成面、量變到質變的演化。這根線最初模糊，但經過持續篩選，在某個時間點上最終會顯現全貌。有一刻，激動人心的願望會呼之欲出，是因為資訊累積已經來到收穫的時刻，我們把這樣的時刻稱為水到渠成。

## 第三步：寫下假設，不斷論證

動筆並分成兩個部分寫下，「願望」和「路徑」。路徑本身就是實現大願望的一系列小願望，無論你內心覺得現在這些描述看起來有多荒誕——先要敢想，然後敢寫，最後才會是敢實現。

生活的本質，就是不斷把隨機變成確定的過程，我們在這一步，只是把這些假設的部分寫下來而已，接下來我們要做的，就是一個一個去論證假設，人生本身就是論證假設的遊戲。

人類天生討厭不確定性，追求控制感和確定感，每當失去掌控就會感到恐懼。當我們把願望理解為假設，就等於認可了不確定性，而確定了不確定性，也是某種確定。當我們明知混亂的到來並發出預判，也會有預判混亂的控制感。當你能夠用清晰的語言描述不確定，又是一種對混亂預判的確定。

接下來這條路徑上充滿了變化。一個心懷願望的人，不能恐懼變化，反而需要期待變化到來，如果沒有變化，我們就會停留在原地，無法實現願望。在這個過程裡，我們需要把頭腦中的構想組織成語言，在形成語言的過程中，思考變得具象；文字能簡化和歸納人的思考方式，讓有深度有邏輯的思考成為可能。當思考能夠被呈現被閱讀，以至於被理解和執行，就能夠傳遞強大的力量。

## 第四步：重複進入最優狀態

前三步做好之後，前往願望實現道路上最大的關鍵，就是付出的工作量了。人們會把這個環節稱為持續努力，或者一萬小時原理。在已經出版的《五種時間》當中，我把它歸納為「賺錢時間」之中的「循環增強」。

但現在我們作為紙本上的願望實現愛好者，其實有更容易理解的操作方法，可以稱之為「最優狀態」。如果你是一位腦科學知識愛好者，會發現這個認知，正在逐漸演變成一種前額葉訓練。

我建議你欣然接受「前額葉訓練」這種說法和玩法，像我一樣，在過程中反覆去進行前額葉訓練的遊戲。這會比任何一種周而復始的枯燥努力都有意思。「前額葉訓練」就是尋找幫助自己進入「最優狀態」的方法，簡而言之，就是訓練自己的大腦能夠快速專注和沉浸，在單位時間內達到思維能力最優化、效率最高。

前額葉皮質處於人類前額覆蓋下的大腦表層位置，隨著智人的進化而進化，掌管我們的計畫、律己、自我評價和延遲滿足能力。這個地方

的發育程度，和人體其他器官一樣，每個人有著天生的差異，但也符合用進廢退原理，可以像肌肉一樣透過主觀訓練增強。在寫下和實現願望中的重要一步，就是針對前額葉皮質的訓練。

這種訓練有三個階段。第一個階段是透過訓練，增強它的功能和力量，也就是訓練自己能更具備計畫性。訓練的結果會是更加能夠今日事今日畢，更可以延遲滿足。譬如說從平時不運動，到每天運動十分鐘；從閱讀時每五分鐘就要看手機，到三十分鐘可以不看手機等等。

智慧型手機時代應運而生了很多訓練方法，這些方法從動機、能力、提示或者獎勵入手來訓練前額葉，哪一種都可以試試。如果找到好用的方法和工具，它們就可以成為你專屬的「前額葉訓練技術」。

最核心的一點是，這是一個自己主動參加的遊戲，遊戲的通關對象不是別的，而是自己的大腦。我是透過每天的短時高強運動，進行第一階段訓練的，運動可以把身體和大腦打通，十分好用。

第二個階段，是前額葉的自動巡航階段，因為它變強了，於是我派發大一點的任務，看它能夠在多長時間中和多大強度下管用，因為在這個階段中，我有希望讓自己進入「最優狀態」，這個狀態很接近心流。

在 2020 年出版的《五種時間》中，我也大規模描寫了對心流時間的追求。但在這裡，我們簡單一點描述：大腦之中，所有喜怒哀樂的感受，看似是對人與事的反應，但本質上都是一場場電化學現象。心流這種現象是腦內電化學現象中比較典型極致的一種：在某種條件和環境下，大腦裡會有六種讓人快樂的激素同時分泌，而且神經元會以更活躍和更廣泛的連接開始工作，這樣的盛況必然導致一種難得的高峰體驗。

在實用主義生活當中，這樣的體驗還造成一種工作品質和效率，也就是由於心流中，人腦的創造力和處理資訊的能力極強，以至於心流中的人，處於最優的大腦工作狀態。當我們想要有最高水準的作品和工作成果時，就會非常希望自己能夠一次次地進入心流，這在前往願望的路

徑當中，相當於捷徑。

前額葉訓練的第三個階段，我也是剛剛開始。在這個階段裡，希望能讓前額葉的自我判斷功能減弱甚至關閉，讓自我希冀和約束可以成為若有似無的存在，目的是讓它不再跳出來判斷和管理其他大腦位置給出的創想和感受，不去管理它們是否服從於計畫性和已知的思想結構。相當於，之前我們要先練習前額葉的管理能力，到達功能型心流之後，又要訓練它的放飛管理能力，也就是忘我能力。

這個訓練階段，會發現符合很多冥想練習者的描述，那就是不理會腦內的聲音，只是觀看這些念頭。不過，最棒的描述，都來自於那些可以做到寄情事中的人，也就是不需離開日常生活，就可以追求到忘我，他們的寫作、舞蹈、編寫程式碼本身就是忘我，當下就是幸福的抵達。找到這樣的事做，就應該是願望本身，願望就應該是幸福抵達的感受，在持續地實現。

其實，這第三層才是真正的心流，真正的心流本身就是目的，人只想待在其中，而不是為了拿到更優的作品。另外，我們所有的願望，不外乎都是一些電化學現象感受上的願望，以這樣來說，人生果然是一場幻覺。

我們無論許下什麼願望，設計什麼路徑，都在期待腦內源源不斷的電化學煙花得以持續綻放。如果人生是一場幻覺，那我們也要找到可以一路璀璨的幻覺走到結束。到這裡，我們可以稍微判斷什麼樣的願望是好願望呢？那就是可以讓我們的人生有著充分的燃燒度。

## 第五步：最短時間和重複次數

什麼是高效呢？就是最優狀態，除以最短時間。在第四步，我們已經執行了最優狀態，接下來，還需要找到最短的時間出現在何時何處。

什麼是結果呢？就是最優狀態，除以最短的時間，再乘以重複出現

的次數之和。那我們就要決定，想讓結果夠大，則這樣的重複次數需出現多久。

當我們面對的紙本，都充滿未被填寫的時間軸時，請從以上這兩個角度，再一次理解時間管理，一切都會更加透徹。小任務逐個高效完成之日，就是大成功到來之時。

長期執行的力量，來自於真正相信一件事情，且重複實行這種相信，並影響周遭的人也相信。即使旁邊的人暫時看不見，但執行者看得見，時間也看得見。

執行者無法敷衍自己，更不能敷衍時間。任何路徑上有複雜的問題與目標，都可以無限拆分為簡單執行的步驟，重點是步驟要在時間中連續。願望的達成，就是時間軸上一連串連鎖反應，且要讓它持續反應，不要停。

大多數時候，人的執行失敗不是因為外界的阻撓，不是他人的破壞和搗亂，更不是被誰打敗了，根本原因還是出在自己身上，是自己被心中的懷疑、恐懼和自卑所擊垮，是自己讓失敗出現在徹底放棄的那一刻。

一個好的願望，一條好的路徑，也會被沒有執行完成而爛尾，會因為放棄才變得困難，甚至越來越困難。願望的實現從事後看，像是一個正確連著一個正確，一個勝利連著一個勝利；但從過程看，會是一個壓力連著一個壓力，一個問題連著一個問題；但這往往就是實現之路。

種一棵樹最好的時間是十年前，其次就是現在。啟動實現一個願望最好的時間，是寫下來的那一刻，其次還是寫下來的那一刻，也就是現在。

**Part 3**

# 繪製你的命運地圖

藉口很多，行動很少，你把時間花在哪，就會成為什麼樣的人，從一連串小作為、小選擇與小決定開始，每天前進一點點，你也能完成想要的目標和成果。

# 找到當下的你

　　人有生日，當然也會有忌日，忌日如同生日一樣，是個非常確定的日期，只是在那天來臨之前，我們對它一無所知。我被自己的想法嚇了一跳。

　　忌日會不會就是今天呢？例如現在，天空晴朗，街上車來車往，老人牽著狗走過，我在黃昏喝了今年春天的第一杯冰鎮啤酒，對多少年後我會在同樣一個春天裡告別世界渾然不知。

　　人們早已習慣把生日當作一個重要的計量關鍵點去回顧、許願，當作一些事的終止和一些事的開始。但所有人的人生都有兩個刻度，尤其在成人的生命裡，後面那個截止日會越來越重要。

　　然後一切的一切，就都在這張時間表裡。無論你打算怎麼度過今生，絢爛或平淡，都得在這張表裡完成，你可以展開無窮無盡的想像，但截止日是最終的限制。

　　這本書裡將討論的，是關於如何才能把這張抽象的巨大時間表，緩緩展開在我們的面前，找到當下這一格，探知未來的每一格，並隨著刻度的延伸，看看命運會被時間帶去哪裡。

　　在生日許下的願望裡，我們都想要好的命運，而唯有這張時間表，會提醒我們忌日的存在，在那一天到來之前，我們的渴望和行動都還算數，還擁有兌現命運所剩時間的機會。

　　而這世間所有的時間、進度和目標管理方法的存在，一切手帳和清單的初心，都來自我們對有限人生裡，完成目標和抵達目的地的渴望，

或者說是我們對有限人生裡，那些未能完成和求而不得的恐懼。

在這本書裡，我們把這張巨大抽象的時間表，一格一格繪製出來，看它在每一個人生場景中，會呈現怎樣的面貌，看我們如何在一格一格的完成之中，找到依據和規律，最終連接成我們想要的命運。

由於這是一本工具書，所以我希望每一個讀者，能夠充分地使用它。請允許我從現在起，把大部分人稱代名詞換成「我」和「你」。

「我」就是我本人，這本書的作者，書中大量表單工具（解決方案）的設計者、實踐者和講解者。「你」就是正在瀏覽這本書的讀者，我們可能見過面或者沒見過，但在這本書裡，我們是並排站在巨大時間表前面的兩個小人物。

我會展開我的時間表，以它為例，盡量耐心講解我在二十多年間，如何一格一格地精細拆分、如何研究推進、如何解決問題，就像展開我的命運一樣。你也要展開你的時間表，但我們的出發狀態和時間截止日，應該不太一樣或者差別很大，所以你將看到的所有解決方案都只是參考，都可以按你的需求調整改變。重要的不是表格，是如何設計表格，是設計後如何執行，是思考問題的方法。

讀完這本書後，希望你能設計出自己專屬的時間表和解決方案，展開屬於你的命運。在這一章裡，我們需要完成第一步——找到當下我們所在的這一格。它是今天的起始點，為了找到它，你必須向自己提出一些問題：

- 你是誰？
- 你要去哪裡？
- 你要怎麼去？
- 你將以多快的速度到達？

以上是時間表內永存的四個問題，你將終生面對和回答它們。

無論處於時間表上的何時、何地，無論處於何種階段和角度，你都應該可以隨時做出回答；即使暫時無法回答，也最好正在努力思考著，你每天做的事，都是為了探索這些問題的答案。如果不討論以上四個問題，就根本沒有使用任何思考工具的必要，一切手帳和清單都形同廢紙。

或許你思索了很久卻還沒有找到答案，或者找到之後仍在反覆修改，但是如果你從未想過這四個問題，或者你的既有答案不是從自己，而是由他人給出，那麼你的生活就一定會面臨麻煩，而且麻煩還會持續出現。

就像是站在交叉路口或者幫毛線團整理線頭，一步錯，步步錯，更談不上找到起點和終點。因此，我們必須想辦法儘快給出答案。麻煩也要趕快解決。給不出答案的原因有兩種，分別是：

- 你沒想過或不知道你將要成為什麼人。
- 你被迫選擇做指定成為的人。

如果你處在這樣的階段，如同醜小鴨還沒發現自己是白天鵝，孫悟空還沒踏上取經之路，各路英雄還不知道自己就是「The One」（那個人），還沒到欣然接受使命的時候。

這個階段說得刻薄些，就是此時的人還只是一個會呼吸的生物，一堆肉泥，有一團混亂的情緒，還沒發現此行的意義。也就是說，這個人還沒有志向，沒有信念，基本上就等同於沒有靈魂。這就是一件有點兒悲傷的事了。

如果你是上述其中的一類，你甚至會對這本書產生反感，覺得它是一本無用的勵志書。你之前試過裡面開具的相似藥方，但沒有任何作

用，你感覺勵志很無聊，並且都是騙人的。

我想說明，我理解的志向囊括許多泛指，不是專指那些宏大、壯美的目標，甚至不是財富和成就這些東西。你可以把任何事物訂為志向，包括所有能喚起你激動、渴望和持久嚮往的東西，這裡面必然包含著迷和愛這些私人化的體驗，這些體驗還能轉換成持久的行為，否則就不算數。

總之，不管是什麼，你得先有個志向。如果還沒有，就去找到這個志向。

如果你還是覺得這是一本勵志書，你也許會聲稱對「雞血」和「雞湯」都免疫。勵志是對志向的激勵，你如果連志向都沒有，當然任何書和任何人都無法真正激勵你。之前看書時，書裡有聲音喊出「奔跑吧少年」，你也曾感到渾身充滿力量，想變成一個新人，想做一番事業，然而一轉頭周圍所有人都衝出去了，你跟著跑了幾步之後卻只能疑惑地停下來。因為你不知道要朝哪兒奔跑，你無處可去。

你說自己免疫，那是因為你還沒志向，不是一個奔跑者。你不在任何一條賽道上，否則奔跑者為什麼要對加油者免疫呢？換個輕鬆的比喻，你不是一個歌唱者，還未站上任何一個屬於自己的舞台，否則歌唱者為什麼要對歡呼者和粉絲免疫呢？你以為免疫是一件很酷的事，而真相是任何激盪人心的生活已和你無關。我只能說，站在巨大的時間表面前，這樣的人生有點兒茫然和悲傷罷了。

我再次說明，這是一本工具書，它有一件重要的目的，就是先幫助你探索志向（如果你還沒有的話）。

可以這麼說，人類所創造的一切東西，都是本質先於存在，唯獨人類自己除外。人之所以偉大，除了會創造，還在於能夠賦予事物意義。例如，人類創造了蠟燭，如果蠟燭會說話，它可能會這麼回答時間表中的四個永恆問題：

- 我是一支沒有香味，二十公分長，能持續燃燒一小時的蠟燭。
- 我希望在停電的時候被點燃，照亮一個家庭的客廳。
- 我需要在超市被買走，才能去到那個家庭。
- 我不知道什麼時候會被買走，因為沒有腿，我只能等待。

在它被創造為蠟燭時，便已被規定了本質，不能選擇。即使它的夢想是做一把剪刀，即使它在燃燒、給別人帶來光芒時並不感到幸福。尤其是它無法改變長度，也不能主動走向未來。但沒關係，畢竟它感受不到痛苦（你就不一樣了）。

人類和蠟燭完全不同，人的存在先於本質，人的本質和意義是存在之後被自己找到的。以下是存在主義的主要觀點，道盡了存在的真諦，雖然有點晦澀，但我建議大家反覆閱讀：

1. 存在主義，根據我們對這個名詞的理解，是一種使人生成為可能的學說。
2. 存在主義的無神論者，包括馬丁‧海德格（Martin Heidegger）以及法國的那些存在主義者和我。他們的共同點只是認為存在先於本質──或者說，哲學必須從主觀開始。
3. 存在先於本質是什麼意思呢？即首先有人，人碰上自己，在世界上湧現出來──然後才給自己下定義。
4. 人就是人。這不僅說他是自己認為的那樣，而且也是他願意成為的那樣──是他（從無到有）從不存在到存在之後願意成為的那樣。人除了是自己認為的那樣以外，什麼都不是。這就是存在主義的第一原則。
5. 人確實是一個擁有主觀生命的規劃，而不是一種苔蘚、一種真菌，

或者一顆花椰菜。在把自己投向未來之前，什麼都不存在；連理性的天堂裡也沒有他；人只是在企圖成為什麼時才取得存在。

6. 存在主義的第一個後果，是使人人明白自己的本來面目，並且把自己存在的責任，完全由自己擔負起來。

7. 不管人現在看上去是什麼樣子，他總有個未來要形成，總有個童貞的未來在等待他。

8. 至於「絕望」，這個名詞的意思是極其簡單的。它是指我們只能把自己所有的依靠，限制在自己意志的範圍之內，或者在我們的行為行得通的許多可能性之內。

9. 是懦夫把自己變成懦夫，是英雄把自己變成英雄；而且這種可能性是永遠存在的，即懦夫可以振作起來，不再成為懦夫，而英雄也可以不再成為英雄。

10. 人生下來可以是異教社會裡的一個奴隸，也可以是一個封建貴族或無產階級。但永遠不變的是生存在世界上所少不了的，如不得不勞動和死。

摘自《存在主義是一種人道主義》
（Existentialism Is a Humanism）


你定義你，你塑造你，你成為你。至於人生意義，你認為有就有；至於人生真諦，你認為是什麼就是什麼。

按照這些觀點，如果意義和真諦你之前都還沒想清楚，這不能怪你。當你還完全不知道你是誰，將要去哪裡時，你已經被父母生下並存在了。然後基於人類進化和基因的特性，為了打敗持續間歇出現的痛苦和無聊，我們紛紛開始出發探索自己的本質，也就是尋找人生的意義。

對普通人而言，這可以簡單理解為：大家都常常經歷痛苦和無聊，但是每個人打敗它們的方法都不一樣。這個方法前人有一些示範，周遭

有一些引導，但歸根究柢還是得自己選擇。當然，根據叔本華的研究，在痛苦和無聊之間還有短暫的幸福，那感覺十分純粹。既然生命是由一系列瞬間組成，那麼人生的宗旨，應該是盡可能多次擁有幸福的瞬間。

人和人區別很大，各自認知的幸福瞬間也就分了多種層次，無論是膚淺還是高尚，人人都在尋找。繼續用蠟燭舉例。你一開始不知道自己是蠟燭人還是剪刀人，便自我研究了很久，又探索了一番，認定自己是蠟燭人。蠟燭人認為燃燒是美好的事，燃燒時的光明會帶來純粹的幸福。

你作為蠟燭人，當然會付出極大的代價，等待那一小時的光明——一生就燃燒一次，一次就燃燒一生。你父母是剪刀人，他們認為剪裁布匹或紙張才是幸福，對你的選擇感到很氣憤、很失望。但你了解自己，且心意已決，並不後悔，因為剪裁布匹或紙張的時候，你不快樂。

純粹幸福並沒有定義，完全憑個體如何主觀定義都可以。其實，我一直認為，對那些有可能帶來純粹幸福的事物，無論我們稱之為目標還是志向，都是人類對欲望的具象化、量化和階段性處理。欲望又按照安全感、溫飽、自我實現等分層，但對於人生命裡的許多瞬間而言，能讓瞬間構建和附著的事物必須具體。因此，你在人生中，需要像密室尋寶一樣，找到那些只屬於你的「具體」。

總之，我認為它是那些讓你終於擁有了、見到了、經歷了就淚流滿面，就覺得「這輩子值了，圓滿了」的事情和時刻。這就是你的志向，如果你認為它是，那它就是。

如果你認定自己是蠟燭人，並開始終生期待那燃燒的光明時，你就從會呼吸的生物變成了人，這一天將非常值得慶祝，因為你擁有了靈魂。

可能你會說我當然有靈魂，因為我有認知和感受，我失戀時輾轉反側，我讀詩詞、品紅酒時也能傷春悲秋。這裡我們應該區分，小情緒並

不是有了靈魂之後才具有的能力，靈魂的真正能力是打開一扇門，而你被門後的世界擊中，確認自己是為此而生、為此而活。

找到志向，找到靈魂，就像是找到原力、能量包和宇宙寶石那樣的東西。你一旦找到它們，就可以接受使命，心甘情願地踏上漫漫征途，並能夠長時間忍受求而不得的痛苦。沒辦法，你在意什麼，什麼就折磨你。

你一旦找到它們，就會興奮地頻頻展開時間表，看你又到哪裡了、還能去哪裡，就永遠不會再提「隨遇而安」這個詞，因為對你來說，這世界早已不存在怎樣都可以的境遇，萬千境遇中，你只想要一個：你要去那裡，你就是想去。

你會將此時此刻視為命運，在深夜打開計畫書，寫下神聖的目的地。你會渴望變成一個強悍、堅韌、期待冒險、日新月異的人。現在，可以啟程尋找了，你是未來所有的依託和原點，你只能從這裡——自己所在的地方出發。再恢宏的藍圖，也需要你先畫下一個準確的原點，找到你所在的格子。

請再回到四個問題中的第一個問題：你是誰？好，從今天開始，認識自己，再找到志向，踐行只屬於你的命運。本章要解決的問題，是你能否透過有效歸納和整理一些日常問題，來完成認識自己的基礎功課。這只是開始，但很多人連基礎功課都還沒做過。

- 首先，你需要安靜地獨處，然後思考。
- 拿出一支筆，在後面的表格中記錄。
- 你還可以為此在電腦中建立一個 word 檔，以便日後對照和更新。

首先，寫下日期，然後，請認真回答和記錄以下問題，回答和記錄的原則是：

第一，坦誠。

第二，明確你寫的是「你現在是誰」，而不是「你想成為誰」。

第三，先寫下第一直覺，再反覆思考，允許自己修改反覆思考的答案，但請保留第一直覺的答案。

接下來這些問題，將幫助你完成一些關於「我是誰」的初步整理。

　　為了認知你出生的可貴，可以想像一下如果你從未出生的情境：你爸媽走在相遇的路上，途中一個人突然改變主意，導致當年沒有相遇；或者修改那一刻精子與卵子的「結合程式」，他們會生下另外一個人。你是虛無的，你的肉體和意識從未存在於這世間，你之前的悲歡從未發生，就像你死後一樣。

　　如果說這本書涉及的所有內容，都圍繞時間表的話，那麼我們最應該把握的基本時間表，就是一生的長度。

　　**用數字測量你的死亡**：首先認識你一生的長度，寫下猜測的死亡時間——你的忌日。像我猜測自己將死於 2068 年 5 月——四十多年後的一個春天。

　　按照這個假設，再寫下從現在起到衰老時，還可以供你充分體驗生活的絕對時間，如二十年。牢記這二十年，這是使用本書的基本時間。因此，對於每個人來說，這個世界只存在到他死的那一刻。

　　**寫下你對死亡的理解**：回憶你參加過的追思會，你體驗過最親近的人的告別式，寫下當時最震撼的感受，是遺憾？是解脫？還是戛然而止的錯愕？然後，寫下你對死亡這件事的理解，死亡對你意味著什麼？最重要的是，你此刻認為，你的死亡將對你意味著什麼？你的死亡將對周

遭和這個世界意味著什麼？❷

以上問題，已經距離「我是誰」非常接近，不需要在乎這些問題吉利與否，也不應該以為它會在很遠之後才發生。你需要思考並寫下，你的生命，你僅僅活過的這一次，唯一有記憶、有體驗的此生，對你來說意味著什麼？

無論是意味著快樂，意味著忍受，意味著讓他人幸福，意味著卓越，還是意味著體驗，都請嘗試歸納出你的定義並在此記錄。

## 認識人性的弱點

在認識人性的優點之前，更重要的是先認識人性的弱點。普遍的人性中，那些未來會讓你陷於失望、驚訝、懷疑、仇恨和悲傷的東西，是你未來要應對的絕大部分問題和產生絕大部分情緒的誘因❸。接受人性弱點的存在，然後再去觀察優點，則優點會顯而易見且令人心存感激。

你可能在天主教的「七宗罪」和佛教的「貪嗔癡」中，發現裡面描述的每一種弱點。現在，我們需要做的是，整理我們真實生活中存在的弱點。

再來判斷有可能最厭惡你的那一個人或那幾個人，然後假設你是他們，判斷他們所認為的你身上的人性弱點。如果那些弱點是貪婪、恐懼、虛榮，就如實寫下。這幾個形容詞非常重要，一定要毫不留情地寫下來，未來在你做重大決定時，可以回來翻看。

---

註 ❷ 阿圖・葛文德（Atul Gawande），《凝視死亡》（Being Mortal）
據說有兩種職業的作家最多，醫生是其中之一。無論是柯南・道爾、渡邊淳一、契訶夫，還是我們所熟知的魯迅、余華，都有過從醫經歷。醫學和文學同樣關注靈魂和肉體，並且能夠高密度體驗生離死別和喜怒哀樂。本書的作者同樣是一位醫師，深入淺出地討論每個人都躲不過的衰老與死亡，該如何面對一天一天走近的生命終點。

註 ❸ 史蒂芬・平克（Steven Pinker），《白板》（The Blank Slate）
平克是一個語言學家和認知心理學家。他在書中旁徵博引，從心理、大腦、基因和進化科學的層面論述了人性。

這部分盡量整理得坦誠一些，因為正視人性弱點的存在，是改變的開始。在未來的漫長歲月中，我們要做無數的決定去面對和克服它們❹。

## 你出生就擁有的天賦

如果你曾接觸過任何一個自我分析的工具，不限於星座、血型、八字、周易，以及各種人格測評，包括九型人格和 MBTI（Myers-Briggs Type Indicator，邁爾斯 - 布里格斯性格分類法）。

無論你曾經主動接觸過哪一種，或覺得這些測試可能十分科學，都請先寫下你在測試中得到的結論。譬如你比較認同你的星座特徵，無論它是不是一種暗示，如果你用過類似星盤或塔羅牌等測試工具，也請寫下當時的判斷，使用這個判斷的依據，是它讓你覺得：哇，好準確，這就是我。當你覺得「這就是我」的時候，就可以使用這個判斷、寫下各種測評對你的定義。

第一，這是一種自我暗示的依據，可以看出你接受過哪種暗示。第二，無論你參與過哪些了解自我的測試，這都是在認識自我路上的一些嘗試，而且它們是非常寶貴的，說明你對自我感到好奇。第三，絕大部分天賦都來自遺傳，如果你做過基因測試，可以寫下基因測試中最確切的結果。在這些測試裡，我們需要明確知道遺傳得來的天賦是什麼，包括優勢和劣勢。

什麼是天賦呢？它就是與掌握一項技能或接受一個概念的平均時間相比，你可以透過更短時間的接觸和學習，就能達到平均以上的水準。

---

註 ❹ 威廉・薩默塞特・毛姆（W. Somerset Maugham），《剃刀邊緣》（The Razor's Edge）
人性不僅存在於學術理論研究中，在文學裡也能找到。毛姆被認為是最了解人性的作家之一。他在《剃刀邊緣》一書中，創造了兩個探究人性深處的文學形象：泯然於享樂物質世界的伊莎貝爾和不斷追問人生意義的拉里。你一定也會在這兩個極端光譜中找到自己的映射。

這種天賦大部分來自遺傳，所以我們需要最先觀察和了解自己的父母。

寫下父母帶給你的先天特質。從嬰兒開始，人與人的個體特質就顯現出極大的不同。在醫院的嬰兒室裡，同樣環境下饑餓的嬰兒，會有完全不同的表現，有的號啕大哭，有的低聲抽泣，還有的默默等待。

很多年以後，這些嬰兒長大，當他們遇到挫折瀕臨崩潰的時候，你會發現有人是暴躁的，有人是沉默的，甚至有人自殘或傷害他人。很多神經上的影響往往來自遺傳，人出生時就註定會有。

天賦的差異尤其顯現在認知和技能方面，幾乎包含未來謀生技能的方向與幸福感的來源，無論你的天賦強項是數學還是美術，你應該做的都是順應而不是背離。之後的教育和價值觀的培養，當然會帶給我們更深遠的影響，但基因遺傳密碼，是我們認識自我和開始一生的基礎 ❺。

---

註 ❺ 伊莎貝爾‧布里格斯‧邁爾斯（Isabel Briggs Myers），《天資差異：人格類型的理解》（Gifts Differing：Understanding Personality Type）
MBTI 是國際比較流行的職業人格評估工具之一，可以對一個人的動力、資訊蒐集、決策方式、生活型態等進行綜合評判。我的測試結果是 ENTJ（外向，直覺，思考，判斷），即指揮官型。
大衛‧丹尼爾（David Daniels）、維吉妮雅‧普萊斯（Virginia Price），《你是哪種　人？》（The Essential Enneagram: The Definitive Personality Test and Self-Discovery Guide）
九型人格（enneagram）指的是九種不同的類型或風格，分別代表一種世界觀和性格原型，使人們對世界、對他人和對自己的看法、感受與行為產生共鳴。同時，你還可以透過測評論結知道他人是如何看待自己的，以及相互間又是如何共處和影響。
菲力浦‧金巴多（Philip Zimbardo）、約翰‧波伊德（John Boyd），《你何時要吃棉花糖？：時間心理學與七型人格》（The Time Paradox: The New Psychology of Time That Will Change Your Life）
本書幫你了解自己到底是如何看待和處理時間的，包括過去、現在和未來。你的觀念影響你使用時間的方法，你的行為是基於你對時間的觀念。你其實可以選擇重構過去、詮釋現在和構建未來。

## 你的肉身

認識身體是為了更好地使用身體，生活習慣和運動習慣都需要建立在了解的基礎上。對你來說，一天睡幾個小時才足夠？你的生理時鐘適應早起嗎？你是爆發力強還是耐力好？當你鍛鍊時，肌肉長得快嗎？還有休息方式，你是透過什麼辦法快速補充體力的？先天能量存在差異，當你做事時是否能夠持續保持專注？另外，你喜歡高風險還是穩定生活？這些都與你的內啡肽和多巴胺的分泌情況相關。

## 小念頭和大興趣

大部分的人生，都是由人的情緒和直覺決定的。你的情緒和直覺也是真正令你高興或悲傷的原因，認識這些原因，你便能夠抽離現場觀察自己，這是一個做決策時的重要能力。❻

如何認識小念頭呢？

先嘗試如實地記錄生活中一些小快樂和小悲傷。你在什麼情況下會觸景生情？在什麼感召下會靈光一閃？在什麼環境下容易進入專注的心流？這些都是小念頭，也是很多事的入口和開關。

為什麼要記錄小念頭呢？小情緒往往是很多事的第一塊多米諾骨牌，其帶來的波動，會給人生造成一場很大的蝴蝶效應。

記錄小念頭需要訓練，當它泛起的時候，無論是驚喜、悲傷，還是靈光一閃，都要努力要求自己抽離往常的視角，從旁觀察。當你能觀察小念頭的時候，就可以避免大部分的事情，完全憑情緒做決定的情況。

---

註 ❻ 辛達塔・穆克吉（Siddhartha Mukherjee），《基因傳：眾生之源》（The Gene: An Intimate History）
你能想像嗎？中世紀的民間傳說認為，眾生之源是一個極小包裹內的縮微小人兒。此觀點在幾百年中不斷被推翻、建立，最終我們識別出去氧核糖核酸的雙螺旋結構，透過檢測了解基因自帶的優勢和劣勢。本書是磅礴的人類奮鬥史，也是人類科學之光。

單憑情緒做出的決定，都不是在明確方向和廣泛蒐集資料基礎上理性思考的結果。除了小念頭，你還要認知大興趣。這些興趣通常是火把和燈塔，能指引我們前進的方向。

興趣和天賦是有本質區別的。天賦是你付出平均水準以下的努力時，也能得到高於平均水準的結果。在某方面有興趣，不代表你的操作技能高過平均水準，只代表你接觸、領悟、感受到它的時候會更高興。像你喜歡古典音樂，有美好的私人體驗，但無法自己演奏，你的鑑賞和品評能力，也不能使你勝任一個行業裡的鑑賞家。

但大興趣不一樣，它會讓人沉迷、廢寢忘食，是源源不絕的。大興趣就是熱愛，是你願意為下一個幸福時刻的到來，奉獻時間和付出努力。已經擁有大興趣是特別幸運的事，如果能完成定位、找到方向、明確意義，你甚至不需要讀本書了。如果你還沒有，那麼請找到它。大興趣會決定我們的方向，而天賦和努力會決定我們的高度 ❼。

## 探知邊界

凡是在你的認知體系裡出現過的，都有局限。思考問題和下判斷時，你可以在判斷句後加半句話，例如：我認為 ×××××，但我的認識是有局限的。

只有認識到局限，我們才能走得更遠，知道得更多，才會把自己的界限推向遠方，讓有限的人生體驗最大化，這也是本書想要實現的真正

---

邁克爾‧羅伊森（Michael Roizen）、梅默特‧奧茲（Mehmet Oz），《YOU：身體使用手冊》（YOU : The Owner's Manual）。
對身體的使用方法，可以直接反映出其生活品質、生活理念和價值觀。健康的身體和容光煥發的臉孔代表的是：身體是大地，我重視身體，我從不沉溺在無謂的欲望中。當然科學理論日新月異，這本書中有些問題很複雜，仍然存在爭議。

註 ❼ 理察‧費曼（Richard P. Feynman）、拉爾夫‧萊頓（Ralph Leighton），《別鬧了，費曼先生》（SURELY YOU'RE JOKING, MR. FEYNMAN!）
不妨多看一些科學家的自傳，如做豌豆雜交實驗的孟德爾，或是物理學家費曼先生。在他們的眼中，除了大興趣，其他都是蒼白的甚至完全透明、不存在的。

意義。

　　第一部分是了解自己價值觀的局限。你認為最寶貴的事是什麼？無論它是什麼，它都是你這一生、你存在的這個歷史時期裡、你所能感受到的一切事物中，相對局限的一個選擇。

　　同樣的，別人的價值觀和別人認為最寶貴的事，也是他人的局限。你有你的，他有他的。所以無論你知道了什麼，都是存在局限的。無論你將知道什麼，也還是有局限的。你要認識到人與人的格局和眼界，由於各自局限無法連接，共處不必非要達成共識。大家各有各的時間表，在你的表上多做拓寬自己的事，同時少為他人的局限浪費時間。

　　第二部分是了解自己認知的局限。你需要簡單寫下你認為自己已知的一切，包括專業上的深入程度、掌握的各項技能、熟悉的文化領域、對世界各層面的了解等。羅列此刻你所有的認知，為了突破自我局限做準備。這些是非常具體的、你在巨大時間表的當下格子中的狀態，認知起點比生長環境和年齡都重要。

　　在已知的基礎上，就可以列出你未知且想要知道的一切，包含接下來你想了解的任何一個學科、想探索的國家、想去的旅行，也包括戀愛、結婚和生子，未來你想去體驗的一切。這一部分，將在本書的「蒐集世界」裡有更多展開，協助你開列更具體的清單。

　　我們要透過整理記錄和開列清單告訴自己，此生有限，即使你想要去未來，把你的邊界與知識的儲備推向遠方，在時間表上看，無論你做出何種努力，它的結果只能是存在局限的。因此，在唯一的、短暫的生命中，做什麼、不做什麼、能做什麼，就顯得異常重要。既然如此，我們志向裡每一步的目標，都最好能夠又科學又順利地實現，那我們就永遠需要擁有清晰有效的解決方案。

　　以下是我本人價值觀的重要組成部分，同時也是我的局限：

- 珍惜有限的一生，期待它的豐富和飽滿
- 始終堅持由自己定義和勾勒自己的理想模樣
- 不停地向內探尋自己的真正喜悅
- 不停地向外探索自己的能力邊界
- 不放棄塑造成為期待中的自己
- 堅持透過閱讀、觀察和思考自我輸入
- 堅持透過書寫、總結和復盤鞏固成長
- 相信更好的自己與自律息息相關
- 相信自律和核心一定展現在身體管理和時間管理上
- 相信階段性的進步要依靠設定目標和完成目標來達成
- 堅持透過知識、經驗和教訓來矯正自己的目標
- 相信目標的達成由想像力、執行力、條件累積和決策力共同構建
- 明白人生命運歸根柢要靠自己掌握
- 在做出選擇之後，要對自己生命的一切負全責並承擔全部義務
- 相信時間看得見

## 看待關係

關係是作為人永遠無法擺脫的，包括我與自己、我與他人、我與事物乃至自然的關係。每一個人，不管其是否意識到，都在同時面臨這三大關係，它們互相交織，在不同場合有所側重。

在本書中要討論的解決方案，兼具著「我與他人的關係」和「我與自己的關係」，但既然是自己的人生時間表，那麼使用本書的一個先決原則，就是「人要過為自己而活的人生」。為別人而活的人生，未必就是為他人奉獻，也包括對他人目光的畏懼、期盼，以及故意反其道而行。

「我與自己的關係」，是所有心理學和哲學範疇裡，討論最深遠、

最難以描述的問題，但是我們可以用一些相對簡潔的方法，盡可能地描述它。

在這裡寫下第一個問題：請描述你和自己的關係。你可以用一些通俗的詞彙，例如：你是自戀的，你是嫌棄自己的，你是對自己某方面不滿的，你是對自己充滿期待的，你是對大多數時候的自己滿意的，你是對情緒好時的自己滿意的，你是對能夠理性控制自我時候的自己滿意的，甚至你對自己是感到失望的或者絕望的。

第二個問題：描述你和你最親密的人的關係。可以一一列舉，也可以挑選覺得最重要的，對你影響最深遠的人。這個人和你的關係非常緊密，你寫下的時候，你會知道這個人對你的評價、對你成長的作用，他在你們的關係裡對你的期望。

基本上，人的一生，就是和身邊最重要的幾個人相處的過程。這個過程裡的關係，你認識得越透徹，處理得越得當，人生的快樂相對越多 ❽。

第三個問題：請描述你與你最感興趣的事、最想達成的事、最喜歡的事的關係。這對應了本章內容「認識你的大興趣」。

很難說你與事的關係和你與人的關係哪一種更重要。如果把「做人，做事」和「做事，做人」相比較的話，我認為在社會的大環境下，在工作中堅持做事並做出結果、拿成績說話更讓人踏實一些，正所謂「武藝傍身，行走江湖」。

本書接下來的幾章，會主要討論「我與事」的關係。你會發現，在所有對問題的認知和對方案的執行過程中，「我與事」的關係最後都會幻化成「我與自己」的關係。自己是那一個面對事的自己，帶著局限與弱點，可能表現為自信的、勝任的、手足無措的、遺憾的自己。與此同

---

註 ❽ 艾倫‧狄波頓（Alain de Botton），《愛的進化論》（The Course of Love）
作者以上帝視角，用文學手法記錄了一段親密感情的完整發展過程：從飛機上的偶遇開始，到性與愛、求婚、進入婚姻圍城後的瑣碎雜事。每個人都能從不同階段中找到自己。

時，自己又是在與事的交鋒中逐漸形成的，人是透過事反過來塑造和定義自己的。不怕事，多經歷事，多應對事，因為每一格時間表、人間遊戲的諸多任務，都是由一件件事組成的❾。

在描述「我與事」關係的時候，你會發現，完成時你與事的關係最簡單，基本上會像凱撒的那句話：我來了，我看見了，我征服了。但凡有你沒有達到和征服的事，你與它之間，就是仰望和追求的關係。

因此我特別想說，本書要介紹的，與其說是成功學的各種實現工具，不如說是讓人持續獲得滿足感的工具。我們的人生不該是叔本華的鐘擺理論——達不成就痛苦，達成就會幸福一瞬間，然後陷入平庸。我們的人生應該是安靜下來，全心全意去做一件你渴望的事情。不必等到明天，不必等到下一刻。如果你想要日常的快樂，快樂就在那些當下每個細微行動的達成裡。

## 不斷追問和不斷定義

以上每個問題都需要不斷追問和不斷定義，大概會貫穿整個時間表。對於認識自己這件事情，我們自始至終都在途中。

這意味著迷茫和自我懷疑是一種常態，我們終其一生都在用不確定的自己，去擁抱不確定的他人和世界，而在截止日來臨之前，我們連未來還有多少時間都是不確定的。孤獨和迷惘的人類，千百年來都在不確定中尋找確定，包括你和我。

---

註 ❾ 梁漱溟，《東西文化及其哲學》
　　梁漱溟提出三種不同的意欲方向。第一種以西方為代表，反映了作為動物的人的基本問題，說明人對食物、住所、繁衍的需要。第二種是趨向於自己與環境協調，在意欲本身的要求和環境之間求得一個平衡。第三種是意欲回到自身去尋找自我的否定。
　　梁漱溟認為，人類對這三種問題的解決是次第進行的。在人類生存的原始階段，人們企圖透過改變環境，以滿足人類有機體的基本需求。在滿足基本需求以後，人們開始意識到要獲得情感豐富、令人滿意的生活這個問題，即在真正享受已獲得的物質財富的同時，去發現生活本身的樂趣，在獲得內心的滿足和外部的財富之後，他們就面臨著真正永恆的問題：塵世的暫時性和死亡的必然性。

可以肯定的是，隨著時間的推進，舊的迷茫和自我懷疑的痛苦會減輕，但新的又會襲來。這些體驗會循環往復，沒有一個萬般皆好、完全通透的狀態。

所以，要不停地告訴自己，我正在路上，我正在認識自己，如果多認識一分，自己的人生就多了一分依據。無論快樂還是痛苦，這條路都有終點，終點就是時間表結束之時——死亡 ❿。

---

註 ❿ 馬可‧奧理略（Marcus Aurelius），《沉思錄》（Meditations）
《沉思錄》是古羅馬帝國皇帝馬可‧奧理略反省自己的日記，用今天的話說就是每日復盤。本書為清單式的內容，篇幅不長，可讀性高。馬可‧奧理略是斯多葛學派的代表人物。斯多葛（Stoics）是古希臘的一個哲學學派，主張符合自然，控制能控制的部分，接受命運中不可控制的部分。黑格爾評論斯多葛學派的出現是「人類精神歷史上第一次意識的自由」。

## 互動引導和填寫 ❶：找到起始點

蘇格拉底說：「認識你自己。」這一章的內容，無論是針對整本書還是整個人生來說，都必須經歷、無法逾越、沒有捷徑可走。即使你已經糊里糊塗地有了現在的狀態，即使你覺得目前狀況還不錯，你總會重新回到這一章所涉及的問題中來。

接下來這些問題，即使無法言說，也要嘗試；即使思考無益於當下的生存，也應該思考。世上不存在一個系統學科，是讓我們充分認識和發現自我的，但有很多彼此相關的學科，如哲學、心理學、社會學。從任何一個學科切入來認識自己，都是一個漫長的系統工程。但我們需要的是現在馬上應用，改變我們和我們的生活。

當你完成以下問題後，大致就完成了使用這本書所需要做的第一部分基礎工作。

○ 首先，你需要安靜地獨處，然後思考。

○ 拿出一支筆，在後面的表格中記錄。

○ 你可以為此在電腦中建立一個 word 檔，以便日後對照和更新。

然後，請認真回答和記錄以下問題，原則是：

- 第一，坦誠。
- 第二，明確你寫的是「你現在是誰」，而不是「你想成為誰」。
- 第三，先寫下第一直覺，再反覆思考，允許自己修改反覆思考的答案，但請保留第一直覺的答案。

嘗試回答以下四個問題：

1. 你是誰？

2. 你要去哪裡？

3. 你要怎麼去？

4. 你將以多快的速度到達？

　　這四個問題，我們將在後面不斷回來對照。這四個問題，你將終生面對和回答它們。如果不討論，這本書形同廢紙。

## * 用一段話描述你的出生：

像書寫傳記一樣寫下你出生的由來。

_____

_____

_____

_____

## * 預測這一生的時間：

牢記這段時間，這是你使用本書的基礎時間。

_____

_____

_____

_____

## * 寫下你對死亡的理解：

你的死亡將對你意味著什麼？將對周遭和這個世界意味著什麼？

_____

_____

_____

_____

## * 寫下你所欽佩的一個人或幾個人。寫下引發你情緒的事件：

歸納出這些事件所映照的形容詞。

---

---

---

---

## * 寫下你所希望獲得的品行：

這些詞語將是行為改變的開始。

---

---

---

---

## * 寫下父母帶給你的先天身體特徵：

了解哪些身體特徵是透過遺傳得來的，如代謝能力、體質、外貌。

---

---

---

---

## * 寫下在成長過程中被辨識出的天賦特徵：

你可以透過更短時間的接觸和學習，就能達到平均以上的水準。

_____

_____

_____

_____

_____

## * 回答以下問題，更了解你的身體：

認識身體是為了更好地使用身體，生活習慣和運動習慣都需要建立在了解的基礎上。

| | |
|---|---|
| 身高： | 體重： |

BMI（身體質量指數）在正常範圍內的體重：

| | |
|---|---|
| 血型： | 安靜心率： |

過敏史：

| | |
|---|---|
| 一天睡幾個小時才足夠？ | 你的生理時鐘適應早起嗎？<br>○ 適應　○ 不適應 |
| 爆發力強還是耐力好？<br>○ 爆發力強　○ 耐力好 | 當你規律鍛鍊時，肌肉增長得快嗎？<br>○ 是的　○ 不是 |

你可以透過什麼方式快速補充體力？

| | |
|---|---|
| 當你做事時是否能夠持續保持專注？<br>○ 是的　○ 並不能 | 你喜歡高風險還是穩定生活？<br>○ 高風險生活　○ 穩定生活 |

## \* 請對自己的每一個方面從 1 到 10 進行評價。

這應該讓你知道身體在哪些方面做得很好，哪些方面需要更多關心。

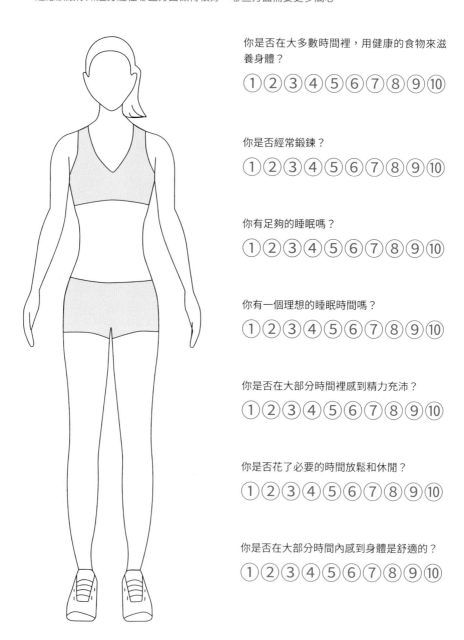

你是否在大多數時間裡，用健康的食物來滋養身體？

①②③④⑤⑥⑦⑧⑨⑩

你是否經常鍛鍊？

①②③④⑤⑥⑦⑧⑨⑩

你有足夠的睡眠嗎？

①②③④⑤⑥⑦⑧⑨⑩

你有一個理想的睡眠時間嗎？

①②③④⑤⑥⑦⑧⑨⑩

你是否在大部分時間裡感到精力充沛？

①②③④⑤⑥⑦⑧⑨⑩

你是否花了必要的時間放鬆和休閒？

①②③④⑤⑥⑦⑧⑨⑩

你是否在大部分時間內感到身體是舒適的？

①②③④⑤⑥⑦⑧⑨⑩

## * 你在什麼情況下會觸景生情？你在什麼感召下會靈光一閃？

記錄小念頭需要訓練，當小念頭泛起，要求自己抽離往常的視角，避免情緒化決策。

_____

_____

_____

_____

## * 你在什麼情況下容易進入專注狀態？

這很可能是你的大興趣所在，讓人沉迷、廢寢忘食，源源不絕。

_____

_____

_____

_____

## * 你認為最寶貴的事是什麼？

無論你認為它是什麼，它都是你這一生、你存在的這個歷史時期裡、你所能感受到的一切事物中，相對局限的一個選擇。

_____

_____

_____

_____

## \* 了解自己認知的極限，概括地寫下你認為自己已知的一切。

羅列此刻你所有的認知，為了突破自我局限做準備。

| | |
|---|---|
| 你在專業上的深入程度 | |
| 你掌握的各項技能 | |
| 你熟悉的文化領域 | |
| 你對世界各層面的了解 | |

## \* 請描述你和自己的關係

可以用一些通俗的詞彙，比如說：你是自戀的，你是嫌棄自己的，你是對自己某方面不
滿的，你是對自己充滿期待的，你是對大多數時候的自己滿意的，你是對情緒好時的自
己滿意的，你是對能夠理性控制自我時候的自己滿意的，甚至你對自己是感到失望的或
者絕望的。

**\* 描述你和你最親密的人的關係。可以一一列舉，也可以挑選你認為最重要的，對你影響最深遠的人。**

這個人和你的關係非常緊密，你寫下的時候，你會知道這個人對你的評價、對你成長的作用，他在你們的關係裡對你的期望。

**\* 請描述你與你最感興趣的事、最想達成的事、最喜歡的事的關係。**

這對應了本章內容「認識你的大興趣」。

_____

_____

_____

_____

_____

_____

_____

_____

_____

_____

_____

_____

_____

# 把願望納入一生的計畫

　　繪製命運地圖，填寫「一生的計畫」。這是整本效率手冊的真諦，一切的起源。我非常珍惜和深愛的是每一本《趁早效率手冊》印在最後幾頁的計畫，也是我高中時就被震撼到的表姊的計畫 ❶，也是我二十三歲起就在電腦裡用 word 檔正式寫下的、每一年都在更新的計畫。希望大家都深吸一口氣，就像我當年第一次填寫那樣。請慎重地填寫它，因為它真的會應驗，會自證，會照耀和引領我們的一生。

　　當然，也有人問我，如果我把我的夢想和很多小心機都填在本子裡，不小心被人翻到，會不會不太開心？你可以像我一樣，選擇在電腦裡創建一個空白 word 檔，也請按照這個格式填寫。介質並不重要，重要的是一生的夢想，你每天藏在心中的願望。

　　希望你能夠在很多人生時刻，不厭其煩地使用它。現在我們需要假設你來到了一生的終點，往回看的時候，你是誰？你想做什麼？

## 第一部分

　　現在想像，你的一生已經過完。可能是八十歲、九十歲，醫療發達了也可能是一百歲。想像你有一個追思會，有一張訃聞，有一塊墓碑，上面有一句墓誌銘。首先在上面寫下你的名字、出生和往生的年份。

　　許多人說這樣寫很不吉利，這樣寫多不開心。但不可否認，人人都

---

註 ❶ 王瀟，《按自己的意願過一生》
　　我成為計畫迷的原因，往回追溯，其中關鍵性的轉折人物是我的表姊，在她家度過的那個高中暑假是重要的轉捩點。關於表姊的故事收錄在《按自己的意願過一生》一書中。

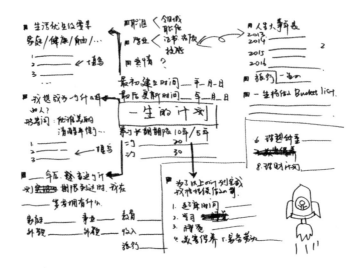

是向死而生的，無論吉利與否，出生和死亡這兩件事都一定會發生。時間有限，我們要做一生的計畫，就需要知道一生要有多長。

以我為例，我的墓碑上會寫著：王瀟，出生於 1978 年，女性。她哪一年往生的呢？這麼勤於運動鍛鍊，我猜我的身體還不錯，也許能活到九十歲，即在 2068 年往生。通常讀者會比我年輕很多，可以寫 2088 年或者 2098 年。

然後，請寫一句墓誌銘。我的是「這個人，按她的意願過了一生」，我非常喜歡這句話。

## 第二部分

若我擁有九十年的生命，至今年（2022 年），我已經用掉了四十四年。在剩下的日子裡，我該如何書寫我的一生呢？接下來，我們要練習寫自己的生平。你希望別人怎樣評價你？你希望在一生結束時，如何回顧自己呢？

我希望我的生平是：

我是一個不錯的媽媽，讓女兒女兒能夠獲得良好的教育，成為她自己；我是一個好伴侶；我在一生中出版十五本著作；希望我經營了一家成功的企業，在我到達生命終點時，成為一家無論在商業上還是社會上，都非常有價值的企業，其生產的產品和提供的服務，能夠幫助五千萬人找到並達成他們的人生目標。

當我們對自己的一生有了淋漓盡致的想像，才有可能倒推拆分到每一年，每一年拆分到每個月，每個月再拆分到每一天。這些都是靠生平來計算的。

為什麼要練習寫生平？因為在人生中，我們太容易被周遭的人蒙蔽雙眼。只有在寫生平的時候，才能練習以終局的角度往回看，才知道什麼是最重要的。

在即將結束一生的時刻，你閉上眼睛，腦海中如跑馬燈般閃現人生大部分重要時刻的畫面，你希望出現的是哪部分？

如果你正在經歷一件煩惱的事情，這件事情在那一刻還會令你煩惱嗎？如果不是，你可以忽略它。在做抉擇的時候，眼下是退還是進？如果在生命末期，你沒有做這件事情，還會遺憾嗎？如果遺憾，就去做。

這種思考方式幫助我寫下我的生平，也協助我做了很多選擇。這是我們一定要做的功課。你一定要有方向，你的方向是可以量化的。第一個需要量化的指標就是你生存的時間。

已經有了生存時間，接下來練習切割。在每個十年我們都想完成什麼呢？從現在這一刻起到生命結束，試著將時間切分。你會發現，此後的二十年可能更為重要，真的能計畫出一些東西。切分到十年以下，就可以轉移到「一生的計畫」這個戰場。

第一步，填寫最初建立的時間，就是今天，此時此刻。然後填寫最後更新的時間。如果你用電腦，最好記錄每一次更新的時間，它能夠幫

助你去對比每一次實現的差距和時間周期。每一次檔案都另存新檔，保存著每一段周期。

我在開始的幾年中沒有重視這件事，每半年、每一年更新的時候沒有另存新檔，而是直接覆蓋舊檔。我十分後悔。因為我非常想知道不同時期所完成的任務效果，一年看不太出來，三年也沒那麼明顯，但是五年、十年過後，效果就會看得見。不要低估漫長時間產生的改變力量，如果我有保留中間幾個年份的更改記錄，肯定會對自己的成長非常驚訝。請保留你成長的痕跡，把它「另存新檔」。

把留存人生的第一階段寫進來，我當時寫的是十年。計算一下，把預估的實現日期寫下來。量化你的願望，因為一切事物都有期限，寫下你心中的期限。

第二步，確定生活中的優先順序。很多人會忽視這一步，但它非常重要。你認為什麼優先，就會在什麼方面花費時間，最後你生命呈現的輕重次序就會是什麼樣。現在手冊中印刷的家庭、健康、自由、事業、朋友、學習、旅行等，是我本人的一些參考要素。

第三步，寫下想成為一個什麼樣的人。這裡寫下的應該是一些形容詞，是你所想像的人生狀態、你對榜樣的一些描述，如優雅美麗、清醒平衡、真才實學等。你在真正執行《趁早效率手冊》的每一天、卻無法堅持的時候，或者對自己的評價開始存在偏頗，或者旁人的一句議論模糊了你的定位，請翻到這一頁，重新定義自己，你會得到非常確切的自我激勵。

第四步，確定在幾歲擁有什麼。從這一步起，你將開始繁瑣地細分，但我希望你一定要寫，這是你給自己的 KPI（關鍵績效指標）。目標必須量化，只有量化後才能切分。家庭、事業、外貌、教育、收入，都是可以量化的。無論你嚮往什麼，一定要寫下來。

要有大膽的想像力，把想像中那個場景寫下來。只有寫下來，才有

可能再向下切分到每個月、每一周、每一天。量化是一種手段。

　　這是你向若干年後的自己下的訂單。下訂單，意味著你要做交付訂單之前所有的工作，手帳不是許願池，趁早也不提供許願池。很多人問我有什麼信仰，如果我遇到神佛，我會拜託祂給我做完所有努力之後的運氣，我會做完我該做的一切。

　　第五步，確定為了實現以上的計畫你將持續做的事。在上一步中，我們把大計畫拆分到每一天，然後重新設計每一天的日程。這一步中的起床時間、學習內容、睡覺時間、理想體重，都是與你的優先順序匹配的。之所以列出，是因為我相信這是所有人都應該重視的。當然，它不是唯一標準，你也可以根據自己的優先順序，列出喜歡的。

　　第六步，寫下學業和職業生涯。填寫項目非常具體，包括領域、職位、證書或資質、技能。不要認為這些很世俗，它們是我們前進的敲門磚，不妨透過努力得到它。直到得到了、看過了，才會覺得不過如此。但首先，只有得到，才有資格評論。

　　第七步，訂下人生大事年表。這是在我表姊的故事中，最為震撼的一部分。你有足夠的人生履歷時就會發現，每一年都存在里程碑，每一年裡面都可能有人生的決定性瞬間、黑天鵝事件、或轉捩點。把它們記下來，是為了在以後的漫長歲月裡，能夠被你辨認出來。當你獲得一種能力，站在人生米字路口的時候、辨識潮水方向的時候，就會有比原來更多的掌控權。

　　本來我們對效率手冊最大的期望就是，這個手冊是你的自傳，你要書寫它，當然要會編年。

　　第八步，寫下一生會去旅行的地方和將做的若干事。這兩部分能幫助大家做最終判斷。尤其是將做的若干事，你可以用清單的方式，列舉想成為的人、想去往的地方、想擁有的財富、想去看的風景，並一件一件打勾。最後你會發現，引導你的並不是打勾的動作，而是打勾前一系

列準備的過程，和到達目標一瞬間的幸福感，以及前往下一個目標的決心和希望。這些將貫穿我們精彩的一生。

至此，整個一生的計畫完成。無論寫的時候有多麼艱難、多麼想不明白，都要努力寫下去，如果你覺得害羞臉紅，是因為還沒有掌握夢想的真諦。夢想就是要狂野，你先要能想到，才有可能去實現。當你寫完，會發現手冊裡面的願望清單、讀書看片清單、身體管理座標軸，它們只是你的一生計畫向下的拆分。

只要「一生的計畫」完成，你就會突然懂了「我要去哪兒」。你做的每一件事情，只分為兩種：有利於和不利於完成計畫的事。我們每個月都這樣思考，在手冊的月計畫頁中，我幫助大家梳理了正向生活的六個層面：專注、沉迷、重要的關係，以及運動、飲食、睡眠。我們所做的計畫和決策，通常都會與這些層面息息相關。

填寫「一生的計畫」是一個開始，重要的是更新它。你會發現，你也會像當年的我一樣，品嘗到勝利的喜悅或者階段性的沮喪。你會發現，你的夢想太宏大，你竟然敢寫下這樣的夢想。沒關係，這些自我懷疑每個人都有，重點是找到方向，不停地前進。在願望到來之前，你就已經準備好這一切。

## 互動引導和填寫 ❷：一生的計畫

　　如果你是第一次填寫，建議完成後在電腦裡也建立這個表單，隨著成長，時時更新；如果你已是效率手冊的忠實擁護者，相信早就擁有一套自己的一生計畫，可以把它的最新版謄寫到手冊上。計畫是去處，是意義，它們是最重要的出發點。未來不可浪費，願你得到計畫中的一切。

### 最初建立時間：

如果這是你第一次用文字全面呈現你的願望，那麼這一天就是你人生中的歷史時刻。

### 最後更新時間：

願望可以一直更新，很多年以後，當你再拿來和最初建立時做比較，你會看到奇蹟。

| 這個人生計畫為期　　　　年 | 實現時間： |
|---|---|

量化你的願望，一切事務都有期限，寫下你心中的期限。

### 下面，讓我們完成人生計畫表吧！

## * 生活中的優先順序

在價值觀系統的基礎之上，確立所有事務的優先順序。在有限的生命中，什麼對你是最重要、最寶貴的。這有利於在未來面對抉擇時，保持頭腦清醒。

參考：家庭／健康／自由／事業／朋友／學習／旅行……

1.

2.

3.

4.

5.

6.

7.

## * 成為一個怎麼樣的人

閉上眼睛，想像理想中的自己和人生狀態，然後用能想到的形容詞描述出來。

參考：美麗優雅／清醒平衡／真才實學／不滅的靈感／懂得愛／擁有愛……

| 1. | 2. | 3. |
|---|---|---|
| 4. | 5. | 6. |

## *N 年後，當這個人生計畫期限到達時，在 ＿＿＿＿ 歲，要擁有什麼

注意，這裡將要填寫的一切都是量化的，這是你對自己下的訂單，將用精力和時間去兌換，因此所有內容要盡量具體。

| | |
|---|---|
| ☐ 家庭 | |
| ☐ 事業 | |
| ☐ 外貌 | |
| ☐ 教育 | |
| ☐ 收入 | |
| ☐ 旅行 | |

## * 為了實現以上的計畫，將持續做的事

　　以上大計畫向下拆解，落實到每天，你要為自己重新規劃生活樣貌。不積跬步無以至千里，點滴努力正是效率手冊的精神，這裡填寫的生活方針將落實到 365 天，當理性控制了欲望，你將會有一種非常有力量的感覺。

| 起床時間 | 學習內容 |
|---|---|
| _____起床，在此手冊寫下一天計畫 | |
| 睡覺時間 | |
| _____；睡前閱讀_____分鐘 | |
| 健身 | 美容保養 |
| _____次／每周 | |
| 理想體重 | |
| 家務勞動 | 理財計畫 |
| | |

## * 職涯

| | |
|---|---|
| 我將會從事的領域: | 我將會擁有的職位: |

## * 學業

| | |
|---|---|
| 我將會取得的證書或資質: | 我將會掌握的技能: |

## * 人生大事年表

　　縱觀自己的前半生,是以怎樣的節奏前進?按年代回顧,填寫每一年中使你轉折的事件與關鍵點。再寫下未來 1 ～ 3 年你期待發生的轉捩點,這些點組成你的整個人生。

## * 一生會去旅行的地方

寫下你想去的所有地方。

| 已實現的地方 | 將要去的地方 |
|---|---|
| ✔ | ◯ |
| ✔ | ◯ |
| ✔ | ◯ |
| ✔ | ◯ |
| ✔ | ◯ |
| ✔ | ◯ |
| ✔ | ◯ |
| ✔ | ◯ |
| ✔ | ◯ |
| ✔ | ◯ |
| ✔ | ◯ |
| ✔ | ◯ |
| ✔ | ◯ |
| ✔ | ◯ |
| ✔ | ◯ |

## * 一生將做的若干事

寫下你的終極夢想，用一生矢志不渝地實現。只有在死亡之前，我們才可以說我們的夢想破碎了。

_____

_____

_____

_____

_____

_____

_____

_____

_____

_____

_____

_____

_____

# 建立時間觀和心流時刻

很多人可能會覺得效率手冊就是一個普通的本子，但我認為它是一個人生管理工具。人生應該是一個好故事，一個好的故事片，場景有五十個左右，而一年有五十二周，這意味著每周大概有一個場景中的人與事可以用來構建、推進。是推進，而不是重複。

每一個場景的意義，在於指向主角的欲望。在這部為期一年的電影劇本裡，我們用靈魂、肉體、金錢，把所有的欲望做了最直接的分類，它們就像是劇本的大綱。在大部分的常規頁面中，寫下的每一個數字、文字，就是我們的劇本，沒有暫停，沒有重播，落子無悔。

帶著這種對生命的敬畏、對時間強烈的責任感和使命感，我和趁早團隊將極致的效能管理思路，具象到每一天的頁面設計中。那麼，如何使用月計畫頁、常規頁，來把自我升級為一個行動派呢？接下來我將詳細說明，看起來普通、實際上卻充滿玄機的內頁使用方法。

## 月計畫頁

在效率手冊的「每月計畫」裡，你可以找到有關「靈魂、肉體、金錢」的內容。如果你想要有充實飽滿的一年，需要從這三方面做出改變。靈魂生活的三個重要組成部分：專注、沉迷、重要的關係。

### 專注

第一部分是確定我們到底要去哪裡、想要成為什麼樣子的人。你要

以什麼維生，專注學習什麼滿足自己的生存目標，了解後請用篤定的態度，白紙黑字寫下你的計畫。可以一年為期限，將目標細化到半年、每月、每天，逐一攻克，最終達成。

## 沉迷

沉迷是靈魂的重要組成部分，是一個人真正的情懷。你可以在學習之餘，提升這些技能素養。培養自己哪些沉迷，你就會成為那一種人。你可以透過兩個方式找到沉迷對象。一是心流。高度集中後，你的呼吸、脈搏、心臟等都進入一種特別和諧專注的狀態。如果體驗不到心流，對你來說就只剩痛苦的堅持和努力。二是要去體驗嘗試。只有不斷嘗試，才知道哪些經歷值得去活，才能發現其中的意義。

## 重要的關係

可以分為兩類，一類是與我有先天血緣關係的家人；一類是因為有地緣關係而締結的後天家人、朋友、鄰里、同事；還有一類是與我沒有關係的人──啟迪照耀我的榜樣。讓榜樣常伴左右，當遇到困惑時，提醒自己嘗試「榜樣上身法」：想像榜樣會怎麼做、會怎麼面對、會如何解決問題。

與此同時，警惕身邊人對我們的潛移默化，從眾心理帶來的安全感會影響你。這個時候你要警醒自己，你就是你，而不是他們。

## 身體

身體是一個很重要的層面，最需要的是健康，其次是好看。所以在效率手冊的月計畫頁中，我們專門設置了一整個模組，從運動、飲食、睡眠三個切入點，一月一度的提醒使用者，如何好看的方法，如何健康的工具，如何真正的好看。具體操作可以參考本書「飲食瘦身一百天」

與「時光流逝，而我已才貌雙全」。

## 金錢

寫在「欲望清單」上的渴望非常合理，這是你人生的一部分，是你的經歷，是時間和腦力的呈現。即使在十年或二十年以後，這些物質需求對你都不再重要了，但是現在要先拿起來，以後可以再放下。

買這些東西的要求是，追求物質的質感和精美，不因為潮流而買，不因為打折而買。當你可以掌控和預測生活的時候，是人生最好的模樣。

## 常規頁

在周一到周五的常規頁面中，從上到下，可以分為三部分：Morning（早上）、Routine（日常）和 Evening（晚上）。

### 首尾 Morning 和 Evening

每天的清晨和傍晚是絕大多數人的自由支配時間，這兩段時間內，如果沒有約束，就有很大的可能，被浪費在多餘的睡眠、無盡的看劇和遊戲等沒有長期價值的事情上。

在常規頁的設計中，我們特意規劃出清晨和傍晚兩個部分，請你用多出來的時間，去做重要但不緊急的事項、或擁有高收益的事情，如閱讀、寫作、鍛鍊、學習等。你的智識、外表、人際關係、收入、經驗，都是由這些事情組成的。

### Routine

一般來說，周一到周五的上午九點～下午六點，是人們工作生活的高峰時間，占據整個人生的三分之一。

我的團隊從各種管道，收到上萬個使用者對產品的評價和回饋。經過我們的分類和整理，在對這一模組的 DIY 上，基本分為四種類型。在探索出自己的使用習慣之前，建議大家可以先了解並掌握這四種基本類型，然後做出自己的選擇。

第一種類型是**線性時間型**。通常線性時間型的使用者，會在手冊上畫出自己的時間軸。這種類型的人，使用邏輯非常簡單，特點是完全按照時間順序書寫。

例如，你可以從早上六點起床晨練，到八點上班，一直記錄到晚上漱洗睡覺，每一筆時間的支出都仔細如流水帳。這種記錄方式非常簡

線性時間型

2022                                                January

**5** Wednesday
農曆十二月初三
星期三

| ☐ 6:00 - 6:30 | 和瀟灑妹塑身 100 天 | 13:00 - 14:30 | 準備新書配圖 |
| ☐ 6:30 - 7:00 | 洗漱、敷面膜 | 14:30 - 16:00 | 選題會 |
| ☐ 7:00 - 8:00 | 早飯（咖啡 + 雞蛋） | 16:00 - 18:00 | 準備新品文案 |
| 8:00 - 9:00 | 上班 + 閱讀 | 18:00 - 20:00 | 和瓢果晚餐 |
| 9:00 - 9:15 | 早會 | 20:00 - 21:30 | 看美劇 |
| 9:15 - 9:30 | 更新臉書 | 21:30 - 22:00 | 給媽媽打電話 |
| 9:30 - 10:40 | 五種時間訓練營策劃 | 22:00 - 23:00 | 洗漱睡覺 |
| 10:40 - 12:00 | 產品校對 | | |
| 12:00 - 13:00 | 午休 | | |

**6** Thursday
農曆十二月初四
星期四

☐
☐
☐

單，能夠一目了然地找到自己的時間黑洞。我建議，如果你是一名剛剛使用效率手冊的入門者，可以先嘗試用這種辦法來培養習慣。

第一階段是適應期，你會遇到很大的阻力。因為大腦很懶惰，它命令你遵循舊有的行為模式。因此我建議，適應期就記錄時間流水。把每天發生的事情，鉅細靡遺地寫下來。你很可能會產生一種生無可戀的情緒，猛然發現自己竟然有那麼多時間沒有什麼價值貢獻。

養成不用過腦的習慣之後，可以進入第二階段，主動出擊。此時你已經對大部分的時間分配有把握了，開始知道自己可以用什麼時間做什麼事情。你可以提前規劃好第二天的計畫，再嘗試擴大範圍，提前一周、一個月、一年。當你擁有做年度計畫並能實現它的能力後，我建議你就可以應用接下來的第二種方法了。

第二種類型是優先順序型。使用這種類型的特點，是已經有非常明確的價值觀，永遠知道自己想要什麼、下一步要做什麼的人。

這裡有兩種優先順序排序方法。第一種，按照事情的重要程度來排，最重要的寫在前面，次等重要的寫在後面，依此類推。第二種，按照時間的緊急程度來排，馬上到截止期的排在前面，而不太緊急的排在後面。需要注意的是，使用這種方法管理時間，可能會帶來馬太效應：強者愈強，弱者愈弱。優先順序永遠排在後面的事情，就會變成你的弱項。

第三種類型是四象限型。它其實是第二種的進一步演化，在時間管理領域的歷史源遠流長，非常容易上手。當我們去評價一件事情值不值得做，應該花多少時間成本、精力成本去做的時候，完全可以結合兩個不同的層面來評估。常見的兩個層面就是重要性和緊急性。

第四種類型是垂直細分型。這種類型的策略是，並不是公平對待所有的事項，而是在短時間內，鎖定三～四個目標。這裡所說的目標，大多是一些臨時性、階段性、需要集中火力去攻克的事情。比較常見的是

2022                                                    January

**5** Wednesday
農曆十二月初三
小寒　　星期三

☐ 五種時間訓練營策劃

☐ 準備新品文案

☐ 產品校對

☐ 準備新書配圖

☐ 選題會

☐ 更新臉書

☐ 和瓢果晚餐

☐ 給媽媽打電話

☐ 看美劇

---

優先順序型一：按事情的重要程度排序

2022                                                    January

**5** Wednesday
農曆十二月初三
小寒　　星期三

☐ 準備新書配圖

☐ 產品校對

☐ 準備新品文案

☐ 選題會

☐ 五種時間訓練營策劃

☐ 更新臉書

☐ 和瓢果晚餐

☐ 給媽媽打電話

☐ 看美劇

2022                                                    January

**5** Wednesday
農曆十二月初三
小寒        星期三

重要

☐ 選題會                    ☐ 準備新書配圖
☐ 五種時間訓練營策劃        ☐ 產品校對
☐ 給媽媽打電話

緊急

☐ 看美劇                    ☐ 準備新品文案
☐ 更新臉書
☐ 和瓜果晚餐

2022                                                    January

**5** Wednesday
農曆十二月初三
小寒        星期三

| ☐ 新書 | 文創 | 日常 | 生活 |
|---|---|---|---|
| ☐ 準備新書配圖 | ☐ 產品校對 | ☐ 五種時間訓練 | ☐ 看美劇 |
| ☐ | ☐ 準備新品文案 | 營策劃 | ☐ 給媽媽打電話 |
| | | ☐ 選題會 | ☐ 和瓜果晚餐 |
| | | ☐ 更新臉書 | |

以三個月、一百天為周期。

　　你可以透過直線分割的方法，在每個區域下再次排列優先順序。我喜歡使用這個方法，可以更直觀地幫助自己，同時推進各個領域的進程，以達到目標，多線工作，多線執行。這個方法的利用率很高。

　　在 2015 年，有三個月是我人生中最忙、魔鬼訓練般的時期，我要寫新書《按自己的意願過一生》，要融資，要裝修新的辦公室。三個目標又不在一個領域，我就是使用這種方法管理、推進、完成目標的。

　　這個方法非常利於切分、設定小目標，有了小目標，看待每個小時的眼光將會截然不同，你將會得到一個更為可信的目標執行方案。此法使用範圍很廣，幾乎適用於一切領域。對於初學者，我往往會推薦他把這個方法應用在學習一門新的語言上。經過短期而持續的執行，相信你一定能得到計畫中的一切。

## 周末頁

　　如果你從周一到周五，擁有充實而豐富的五天，那在周末就可以兌換四十八小時的自由時間。一般來說，周末的生活密度往往會低於日常的工作日，所以周末不打算用更多的線條局限大家的發揮，而是選擇用盡量多的空白，邀請讀者去填寫生活的豐厚。

　　這是我的設計思路。從周一到周五，我們已經這麼努力，所有時間都被占滿了，不就是為了擁有更多的自由？不做不想做的事情，不見不想見的人，不去不想去的地方。我的建議是，盡情想像。

　　如果你意識到，有好一陣子，你的周末是兩片空白，那麼我可以負責任地提醒你：你浪費了太多生命。家庭、旅行、美食、閱讀、藝術等，這些都是可以填滿周末自由時光的選項。一個有趣、有靈魂的人，會在周末做很多事情。

　　從 2011 年那個秋天的下午至今，十一本效率手冊，關乎我十一年

來全部的野心和細節。我擁有一整套時光簡史，曾經一小時、一小時的期待，有的兌現、有的落空，重要的早已不重要，激動和難過都已歸於平靜。

## 掌握最簡易的招式

在市面上，關於使用手帳來進行時間管理的技巧林林總總、各成一派，人們看多了反而無從下手。在這裡，我只談最重要的原則——最低成本的認知原則，並且保證，在確認以下幾點之後，你馬上能形成一個適合自己的使用方法論。以下內容為常規頁的使用建議。

### 什麼時間寫？

固定兩個時段。像是每天清晨 6：30～6：45，計畫當日的待辦事項。在每天 22：30～22：45，回顧當日計畫。提前一周做出規劃。利用周末晚上進行思考，預估在下周可能會開展哪些工作，提前做好規劃，並且預留彈性，避免被時間催著走。對於臨時插入的任務，若需要超過兩分鐘以上的時間去回應和處理，即刻寫在效率手冊裡。

### 在哪裡寫？

在習慣養成期，建立一個只有你自己的私人場所。在踏入這個空間之後，集中專注力，在腦中提前模擬排練：接下來的二十四小時，我要這樣度過。請保持這個空間的乾淨整潔。

在進入習慣固定依賴期，你會發現自己到哪裡都離不開效率手冊，離開則會心慌不安。你隨身攜帶它，希望效率手冊永遠在視線範圍內。當別人看到它時，也會收到信號：使用手冊的這個人一定非常專注、自律、可信任。十年之後，當你利用手帳成為時間管理高手時，就已人劍合一，無招勝有招，不再需要任何空間限制。

## 寫什麼？

如果是新手，我建議將所有待辦事項都寫在效率手冊上。熟練之後，50%的重複性事項都可以省略不寫。寫在手冊上的待辦事項，應該是一個動名短語。動名短語是由一個動詞與後面受動詞支配的名詞組合而成。

例如：

修改海報設計稿

修改是動詞，海報設計稿是名詞

寫活動企劃

寫是動詞，活動企劃是名詞

準備同學的婚禮禮物

準備是動詞，婚禮禮物是名詞

除了日常重複性事物外的每一個待辦事項，都應該有確定的開始時間和結束時間。開始時間就是寫下事項的那一刻。

如果有協作人，也要寫上他的姓名。在這一步中，寫下的事項越詳細，執行的效率和完成度就會越高。如果這個事項可能會持續若干天或在當日沒有完成，可以用色筆標注出來，直到完成後再打勾。

可以將休息時間寫進去，保持工作和休閒之間的平衡。要戰略式地休息，所以休息時間也需要有意識地提前規劃出來，這包括每天工作之餘的小憩和年度休假。

一次只處理一件事情。不要一邊開會一邊回覆郵件，或一邊陪孩子一邊回訊息。一旦開始這項任務，就要堅持100%完成。

捍衛你的時間。你可能需要與其他人協商，來建立一個不被打擾的時段，如果有必要，提前告知其他人在這段時間不要打擾你。

## 怎麼寫？

建議大家在使用過程中，建立一套自己的標識系統。下頁圖所示是我使用頻率比較高的幾個符號。

| | | | |
|---|---|---|---|
| ☐ | 待辦事項 | ☒ | 取消 |
| ☑ | 完成 | ☐→ | 延期 |

- 待辦事項。可以將所有大事和小事寫在這裡。如果任務比較複雜，建議拆分目標。
- 完成。在事情完成之後，在前面的方框中打勾。
- 取消或延期。總會出現不可抗力因素，導致不能順利完成任務。若取消，則在方框中打叉；若延期，則在方框中畫一個小箭頭。

人類是喜歡欣賞美好事物的視覺動物，使用紙本記錄計畫生活之餘，手帳儼然已經變成一種亞文化，有這個領域裡獨特的現象。熱愛手帳的同學們聚集在一起，形成只屬於這個世界裡的通用語言。

手帳也因為它的精緻好看，會被大家展示在新媒體上，這些俯拍照片所傳遞出的生活態度，被更多的人口耳相傳，又被更多的人看到。寫文字、繪畫、拼貼都是記錄手段，可以任意選擇。但請永遠記住，內容比排版重要，形式為目的服務。

在整個動物界中，幾乎只有人類進化出用於高級思考的器官、擁有讓計畫發生的能力。從原始人進化成現代人，從刻印在黏土泥板上的蘇美文字，到書寫在效率手冊上的一行一列，我們始終與永不停歇的時間做交易，交換想要的一生。它是你生命的一部分。

## 互動引導和填寫 ❸：如何開始動筆

當你開始填寫以下內容，意味著已經進入使用效率手冊進行時間管理的微觀層面。假設你心中已經有一個呼之欲出的目標，它每天懸掛在你的頭頂之上。那麼在每一天的二十四小時中，我們要做些什麼，才能實現願望？

請試著先開始掌握對你而言最簡易的方法。

### 什麼時間寫？

所需時間不長，每天留出足夠你思考並寫下當日三個待辦事項的時間。

### 在哪裡寫？

確定一個固定的空間位置，也是一個很好的喚醒提示。

### 寫什麼？

完整寫出時間、地點、事項、協作人等資訊。

請在接下來提供的效率手冊頁面中，找到屬於你自己的書寫習慣吧。

---

**2022**　　　　　　　　　　　　　　　　　　　**1月**

**7**　Friday
　　農曆十二月初五　　　比起選擇哪一種活法，更重要的是先搞清楚自己是什麼人。
　　星期五

MORNING

☐
☐
☐

EVENING
☐
☐
☐

該頁面為 2022 年效率手冊厚本真實頁面，茲以示意。

# 像我一樣的偏執狂

　　早在十年前，我曾經將電腦裡的 Word 檔「一生的計畫」展示給朋友，沒想到引起朋友的不適。她睜大眼睛看著我計畫中那些野心勃勃的項目，然後用驚恐的目光望向我，好像第一次認識我一樣。「你太可怕了！」她對我說，「你怎麼是這種人？！」

　　後來，當我設計、使用效率手冊、極少數手冊，以及嘗試將一切生活和工作用清單管控起來時，也有更多人質疑這樣的生活方式會讓人無法喘息，懷疑我可能是一個偏執狂或者控制狂。「順其自然，隨遇而安，知足常樂不好嗎？這麼累，你會快樂嗎？」他們這樣問我。

　　我的初衷當然是快樂，一直都是。如果說不忘初心的話，我最大的初心是自由帶來的快樂：不被約束、具備選擇的主動權。成年以後，我們的這種快樂大部分反映在一些前提條件上：一是有足夠的自由支配時間；二是有足夠的自由支配資產；三是當面臨選擇時，有足夠的知識結構去支撐選擇，並擁有最大的主動權。

　　但隨著年齡增長，時間是第一個越來越稀缺的東西，我們得設計方法，讓自己不至於陷入事物，而是抽身於事物；我們還得去努力掌控，因為掌握得越多，不確定因素就越少。

　　你會發現，人世間的多數事物，早已存在最科學高效的推進定式。就像你在兒童時期早已熟諳穿衣吃飯的要領一樣，你也正在一個又一個地熟悉更多事物的要領。你的成長在加快，新事物和新問題迎面而來的速度，依然會快於你熟悉它的節奏，甚至所有新事物都是以並行狀態衝

過來的。

突然有一天，你會發現需要在籌備婚禮時保持健身，在旅行時寫作和美容，在懷孕時計畫考試，在減肥時育兒，在公司派給你最艱鉅任務時加速學習，或者以上項目竟然都需要緊密結合或同時進行。當生活節奏越來越快時，再也沒人會笑咪咪地對你說：「慢慢來。」你發現你必須得快，還得好，更得從容，你希望一切事都順利完成、你都能勝任，你簡直要成為一個萬能的人。

是的，你就是要成為萬能——三頭六臂，兵來將擋，遇水搭橋。你想同時打十個怪獸，就要備齊十種武器，哪個怪獸衝上來就用哪個相配的武器迅速瞄準。因為你知道解決問題的方法，就是擁有武器。

如果在每一個事物的流程、必要關鍵點、運籌推進上，你都研究了一套自己的方法以保證完成度和品質，從而被稱作「偏執狂」的話，那我建議你就做一個偏執狂。你要下決心做一個自成體系的人，為每一個需要應對的事物設計方式，先執行，再觀測結果，再更新體系，循環往復。

你要為了自己的生活穩健和心理健康偏執地建立這個體系，不做好不罷休。有了這個體系，你將獲得在動態中進化的能力。這個體系就是你認知問題的順序、應對問題的章法、做事做人的「護城河」、後半生做人的底氣。

我所認識的佼佼者都有一個共同點，就是很早就自建體系，這個體系首先存在於他們的大腦中，之後展現在他們的人生計畫、待辦清單和日常筆記裡。

我的體系建立於每個具體經歷之上，每試錯一回，交完學費，就會趕緊記下最新的認知和做事方法，形成自己專屬的流程和表格。我的主題手冊和迄今出現的所有清單，正是因此而生。

我將面臨過的每一個生活和工作場景、每一個問題，都歸納成適用

的方法論。所有的方法論其實都遵循同一個邏輯——「認識自我，蒐集世界，整理分析，設立目標，專注執行，重複反思，循環提升」。這七步其實是做對一切事物的邏輯，我和團隊一起將這些繪製成各種各樣的形式，印在紙上，裝裱進本子裡。其實，在我們眼中，我們繪製的是人生真諦，是世間規律。紙和本都只是介質而已。

這些表格和清單是極為神奇的，一旦交到不同的使用者手中，就會變成驚喜發生器。我們也無法預料，一個系統在啟用之後，會運行出什麼樣的結果。驚喜會出現在每個使用者自己的人生裡，驚喜是在你把一切都做足以後、等待降臨的好東西，有時候我們叫它運氣。

當你還年輕，在使用這些表格和清單時，你會有充實和掌控的快感；當年齡越來越大甚至變老時，你會發現真正想掌控的，從來都不是驚喜。你做足一切而永遠不想見到的，是無常。

接著，我想重現一些重要手冊和清單的形成場景，它們都源於我自己的經歷。如果你也想構建自己的體系，一定要珍惜和觀察自己的經歷與場景。這些場景會向你提出問題，你要解答、要觀察自己的行為，並根據結果修正它。你要的答案都已蘊含在其中。

# 互動引導和填寫 ❹：目標設定

　　有什麼樣的目標，對應什麼樣的生活，使用什麼樣的工具。接下來將展示的頁面，來自極少數手冊，這是一本會讓大多數人不解並恐懼的手冊。因為他們不敢把每一天如此極致地書寫和計畫，如同不敢面對自己的懈怠和時間的空白。如果你選擇使用這一本手冊，你將會走上一條罕有人跡的路，做少數人做的事。

## * 年度目標

年度目標的設定，首先要與自己的終極理想保持一致，繼而為它進行歸檔分類，認清自己的優勢及挑戰，無限放大長板，努力彌補短板，最後把目標拆分到十二個月，依次攻克，一切看似遙遠的彼岸最終都能逐步抵達。

| 年度目標： | | | |
|---|---|---|---|
| 1 月目標： | 2 月目標： | 3 月目標： | 4 月目標： |
| 5 月目標： | 6 月目標： | 7 月目標 | 8 月目標： |
| 9 月目標： | 10 月目標： | 11 月目標 | 12 月目標： |

# * 每日計畫

將每一天拆分成三個部分：左邊為晨間日記，規劃一天的重點；中間為當天每小時細節極致的排程；右邊為當日總結，從肉體、靈魂到金錢，每日反省，每日復盤。

| DATE | |
|---|---|
| M T W T F S S | |

Record flashing moments
of inspiration. 紀錄閃現的靈感

"

"

TODAY'S TOP 3
GOALS 每日目標

☐ ........................
........................
........................

☐ ........................
........................
........................

☐ ........................
........................
........................

TO CONTACT 溝通任務

**TODAY'S SCHEDULE 今日行程**

6:00 _____

7:00 _____

8:00 _____

9:00 _____

10:00 _____

11:00 _____

12:00 _____

13:00 _____

14:00 _____

15:00 _____

16:00 _____

17:00 _____

18:00 _____

19:00 _____

20:00 _____

21:00 _____

22:00 _____

WATER CHART 飲水量

B 早餐
BREAKFAST

L 午餐
LUNCH

D 晚餐
DINNER

S 零食
SNACKS

BODY 鍛鍊計畫

TOTAL MINUTES 總時間

SOUL 學習計畫

MONEY 理財計畫

SUMMARY 連結

# Part 4

# 寫下你的願望

用筆記的方式把心定下來,也將自己從低潮的狀態帶出來,寫下來就有幫助,任誰都能做得到,動筆找到前進的方向,你的生活將開始改變。

# 觀察世界，帶你探索目標

在寫本書時，我陷入一個巨大的逆境之中。這一章，我要寫給每個讀者，也寫給我自己。逆境讓人更加渴望尋找答案，而答案永遠在嘗試之中產生。人應該活成一場電影、一局遊戲、一棟建築。至少要像一棟建築，立於大地，有屬於自己的架構、格局和空間，在環境變換中折射光與影，在時間長河中頹塌毀滅。

## 探索清單 1：觀看宇宙

這是一本工具書，關於電影劇本怎麼撰寫、遊戲怎麼打通關、建築怎麼設計建造，我們試圖在無數樣本中尋找適合自己的範本，最終在豐富它們的過程中完成。為了定義短暫生命裡最值得體驗的東西，我開列了自己的願望清單。

在順境的時候，我曾經誤解「世界」的意思。我認為世界就是他方，是星辰、森林、極光、雪山、草原、峽谷、海岸；我認為世界就是他人，那些波瀾壯闊的人生超越所有狂野的想像；我認為世界就是打動我、令我癡迷神往的東西，就是除去司空見慣事物之外的一切。我認為世界的作用就是讓我們蒐集，先使用枚舉法、再使用歸納法，看看其他人都選擇了什麼樣的經歷、選擇了什麼樣的工作、選擇了什麼樣的伴侶。我認為世界就是一大堆參照系。

但現在的我，正處於自己人生的逆境，逆境使我改變了觀看世界參照物的順序。如果你正在看本書，急於填表或是梳理人生，我希望你和

我一起，先進入逆境人生使用的參照系。它更恢宏、更達觀、更能幫助你穿過漫長歲月，體會它將有助於你開列自己的願望清單。

你身處逆境時會做什麼？我通常會更努力地反思，更認真地執行，但能這樣做的時候，說明面臨的都還是小困難，逆境程度不夠。真正遭遇大逆境時，我會觀看宇宙。

1990 年 2 月 14 日，「航海家 1 號」（Voyager 1）完成首要任務之際，美國國家航空暨太空總署（NASA）指示太空船向後看，以拍攝它所探訪過的行星，其中一張照片剛好把地球拍攝入內。照片中似乎看不見地球，因為從這個距離觀察，地球只是一個渺小的暗點，只占整張照片的 0.12 像素。

天文學家薩根博士（Carl E. Sagan）對這張照片曾經有一段解讀：

> 我們成功地（從外太空）拍到這張照片，細心再看，你會看見一個小點。就是這裡，這就是我們的家，就是我們。在這個點上有所有你愛的人、你認識的人、你聽過的人、曾經存在過的人，這些人都在上面度過他們的一生。這裡集合了一切的歡喜與苦難，上千種被信仰的宗教、意識形態以及經濟學說，所有獵人和搶劫者、英雄和懦夫、各種文化的創造者與毀滅者、皇帝與侍臣、相戀中的年輕愛侶、有前途的兒童、父母、發明家和探險家、教授道德的老師、貪汙的政客、大明星、至高無上的領袖、人類歷史上的聖人與罪人，通通都住在這裡——一粒懸浮在陽光下的微塵。

逆境中的我，會長久地凝視這粒陽光下的微塵。如果凝視不足以削減逆境的痛苦，我還會認真地觀看關於宇宙的紀錄片，去理解那些令人目瞪口呆的浩瀚尺度、大千世界、周而復始的生生滅滅、人類之渺小、

宇宙之洪荒。

　　王小波說，「生活就是個緩慢受錘的過程」，少年們總是幻想有一天仗劍走天涯，看一看世界的繁華，但總有一天，他起床發現手裡沒有劍，哪裡也去不了，生活就像一個泥沼，想拔出腳，卻動彈不得。

　　你我也許此刻都在泥沼之中，但我們之中會有人抬頭看著星辰。看完之後，你會知道——你應該全力以赴，同時又不抱任何希望。這是全宇宙最重要的一件事，同時這件事根本無關緊要。

　　因此，我建議你，在走出之前，把宇宙電影清單寫在願望清單的第一類裡。


推薦的宇宙電影清單：

1.《宇宙之旅》（Journey to the Edge of the Universe，2008）

2.《宇宙航行》（Cosmic Voyage，1996）

3.《宇宙的構造：什麼是空間》（The Fabric of the Cosmos: What is Space，2011）

4.《與霍金一起了解宇宙》（Into the Universe with Stephen Hawking，2010）

5.《宇宙有道理》（How the Universe Works，2010）


　　這些紀錄片，可以留在坎坷的日常中長期觀看，直到你獲得一個新的視角——宇宙觀察者的角度。這樣，在下一個艱難思索的深夜，當你走出辦公室，抬頭仰望夜空，你會知道在宇宙深處，光行走了多久。你看到的是一百年前的北斗七星、二百五十萬年前的仙女座星系，那裡沒有正確和錯誤，沒有希望和懊悔，也沒有恐懼和寂寞。

　　而你，一粒微塵上的小人物，為了短暫亮起又熄滅的一生，開始撰寫願望清單，決定奔跑起來擁抱希望、懊悔、恐懼、寂寞。來吧，你可

以經歷上千種波瀾壯闊的人生，反正都是微塵。

## 探索清單 2：激勵你的傳記

願望清單的第二類，列下今生最激盪你的傳記。傳記不同於工具書，並不能直接拿來使用，但是我自己總在傳記中獲得最深遠的激勵。你會發現，所有傳記的主角都如此經典而獨特，閃耀著人格魅力，與此同時，又無一例外地遵循了「英雄之旅」的規律 ❷。

每一個傳記主角基本上都會經歷混沌和迷惘、被動出發，遭受困境和背叛、選擇和信任、自我懷疑、短暫放棄、獲得啟迪和指引。每個人都在各自的人生旅途中前行，我以為我正在經歷的這些是多麼跌宕和特殊，但在世界的某處，歷史的某刻，這早已由別人經歷過千千萬萬次。太陽底下無新鮮事。而這一切，是從希臘神話時期就開始提煉的永恆模式。你會發現，只有好看的故事和電影，才具備永恆的模式。

你需要從傳記中看主角所在的舊時代背景、更差的醫療條件、更封閉的資訊來源，看他的天賦和努力，看他如何認知這個世界，如何點燃自己的希望，希望又如何破滅，他遇到了誰，經歷了幾個決定性瞬間，最終如何改變了命運。

看傳記最低程度的功效，就是你可以看到主角會艱難和困苦到什麼程度，看到他在十倍逆境下也能扛過去，是當下對自己最好的安慰。

---

註 ❷ 喬瑟夫‧坎伯（Joseph Campbell），《千面英雄》（The Hero with a Thousand Faces）
無論是《星際大戰》、《哈利波特》，還是小時候玩的《超級瑪利歐》，這些小說、電影、遊戲中的故事脈絡驚人一致，都是遵循「啟程→啟蒙→考驗→歸來」的順序。這本書讓我有能力俯瞰我的整個人生道路，推薦你也試試看。
克里斯多夫‧佛格勒（Christopher Vogler），《作家之路：從英雄的旅程學習說一個好故事》（The Writer's Journey: Mythic Structure for Writers）。電影所描述的故事就是人生經歷的隱喻。本書作者就是《獅子王》的編劇。你可以再看一遍迪士尼出品的動畫電影《獅子王》，捕捉辛巴經歷的迷惘、被動出發、遭受困境、選擇、背叛、信任、自我懷疑、放棄、獲得啟迪和指引等心路歷程。

在 2017 年，我讀了十本女性傳記，並整理成短片，起名為《十個一生》。回顧 2017 年，我慶幸自己做了這件事，因為這一年中，十本自傳都給了我不同程度的激勵。其中，《我在伊朗長大》和《我的一個世紀》這兩本，令我獲得強烈的穿越和代入感，我因主角的一句獨白、一個決定而激動唏噓。

傳記就是你在今生蒐集到的他人經歷，你會發現原來這世界真有波瀾壯闊的人生。無論順境還是逆境，它們總會到來，也會過去。在逆境裡看別人的逆境，你會非常確定，懷疑和恐懼是英雄之旅的一部分，你需要和主角一樣，接受試煉，與命運選派的一切困難交鋒。

俯瞰別人的故事，使你有能力跳出當下，去俯瞰自己故事中的人與事，也有能力去解釋遇到的每一張面孔的意義，無論他們是導師、敵人，還是伴侶。你要早一點打開傳記，早一點見到裡面像燈塔一般的主角，因為他會引領你，激勵你。

## 探索清單 3：你可以做夢

願望清單的第三類，列下今生最值得你觀看的電影。畢竟讀傳記的人少，看電影的人多，後者更鮮活。人們看電影的出發點，最初是審美和消遣，卻總會難以預料地被電影中的場景一下擊穿了大腦，更新了觀念。看電影是看別人做夢，電影會讓我們相信自己也可以做夢。

我從來都深信，我們自己就是可以做夢。趁早品牌的《BUCKET LIST 願望清單》，是我和我的同事杜明一起構思的。記得在三年前的夜裡，我收到他發來的第一版設計圖。入冬的北京很冷，我從外面回到家，渾身都是寒氣，進門蜷縮在沙發上打開手機。我看著那一張張設計圖，細讀那些事項、目的地、情境和句子，腦海中劃過我一生的願景。那個午夜，我在沙發上熱淚盈眶，在腦中做完我人生中最淋漓痛快的夢。

以下是《BUCKET LIST 願望清單》的設計者杜明，描述電影的文

字和推薦的十部電影，我很喜歡：

光影出現以前，人們可能永遠都不會想到，坐在一間黑黑的屋子裡，兩個小時像夢境一般無限延長，像過了一天，像過了一年，有時候，像過了一生。

每部電影的動人瞬間，都可能是你憧憬過的一個片段，與其說你被那個情節感動，倒不如說你嚮往那樣純粹的友情、那樣奮不顧身的愛情、那樣勇敢的自己。

現實的人生一秒一秒度過，等待會讓你覺得一輩子太長。電影裡，只是鏡頭一閃，出現一行小字「二十年後」，然後青絲染雪、韶華不復，其間百轉千回、 喊與呻吟，全只不過一瞬。

它讓那些你從未經歷、也終究不太可能經歷的一切，成為你生命的一部分。當散場燈光打開時，恍然回神，像是剛剛度完一生。


推薦電影清單：

1.《活著》

2.《真愛每一天》（About Time）

3.《教父》（The Godfather）

4.《一路玩到掛》（The Bucket List）

5.《年輕氣盛》（Youth）

6.《班傑明的奇幻旅程》（The Curious Case of Benjamin Button）

7.《刺激 1995》（The Shawshank Redemption）

8.《海街日記》（Kamakura Diary）

9.《大智若魚》（Big Fish）

10.《一一》

## 探索清單 4：光輝時刻

願望清單的第四類建議，以事件達成為指標，列下你今生要企及的專業成就和賺錢方式。這個建議曾經不被理解，如此狂野浪漫的清單，為什麼要摻入功利？

願望清單的靈感不應來自別處，而只應來自「回閃」（Flashback）——每個人臨終彌留時，一生重要時刻的提要重播。我們一生究竟為什麼而活，認為什麼最寶貴，你的幸福、至善、自由、光輝、榮耀的頂點，最後都會重新浮現在眼前、輪番播映。

而我們現在的努力、在逆境中等待，都是為了這些時刻的出現。把專業和賺錢這類光輝里程碑，也寫入願望清單的重要原因，在於它會讓你此刻就感知、深耕自己的專業，或馬上開始研究賺錢史、學習經營的方法和策略、提高演講和管理水準、熟知經濟學。願望清單裡寫有成就感，人生最寶貴的事裡才會有成就感，你才會為自己生而為人的價值持續付出努力。

你應該更早去學習和了解，與未來相關的主要行業，研究這些行業如何存在、如何運轉。對於必須面對的現實生活，這本來就是你蒐集世界樣本的重要內容。你的所知所學和性格特徵，必將你推向某個行業的鏈條上，你需要知道那些令你羨慕的人物到底做了什麼，你更需要知道未來你可以身在何處、可以貢獻什麼價值。

為了這樣的光輝時刻，你才會遠離手機去看書、去鑽研專業、去認真探索，如此才能在你的領域裡，從平庸常人的認知裡跳脫一點點、和人類最高智慧接近一點點，在「回閃」來臨時，多幾個令人起立鼓掌的光輝時刻。

## 探索清單 5：真正的旅行

願望清單的第五類，也是需要填寫得最多的清單，就是旅行目的地。世界是怎樣運轉的、是什麼樣子的，了解它最好的方式當然就是親自去看一看。但在願望清單裡，一定不是去過就算打勾。

旅行不應該是換個地方看手機，不應該僅僅是飛了很遠、換個城市走路，也不應該是為了拍照以彰顯有錢、有時間來這裡，再發到社群媒體上，因為這些必定不會寫入你的「回閃」裡。

旅行是要幫我們破除狹小自我意識裡的積習，幫我們意識到哪些思維和行為被日常瑣事標本化，我們被哪些舊有環境，如職位、存款、關係等定義了人格，並對它們產生牽掛和依賴。旅行是要令你突然明白，哪些是真正重要的東西。

2010 年，我和一個團隊去埃及旅行，導遊是個會說中文的埃及姑娘，在旅程的最後一天，她對我說：「我不懂你們，你們沒有宗教信仰，怎麼知道每天早晨醒來為什麼而活？沒有宗教的指引，沒有最終的方向，是什麼支撐你們每天做事情？」

旅行中會出現一些特定時刻，那些動搖你曾經以為將天長地久的外在環境時刻，讓你意識到它引發的各種牽絆有多麼的不重要、多麼的轉瞬即逝。你旅行越久，就越不會受到這些東西的控制，越能夠意識到這些東西並不是你真正追求的。而你的核心才具有真正價值，才是持久的所在。真正的旅行會重塑你的認知，讓你更加真實純粹，一次次旅行的疊加，將使這種意識更加深刻，這種意識將使人蛻變、伴隨餘生。

## 探索清單 6：改變軌跡的瞬間

願望清單的第六類，是平凡生活的珍貴時刻，是那些改變軌跡的決定性瞬間。

也許是我在公車上向車窗外望去，突然決定做一個創業者。也許是我在研究生宿舍裡接到的第一單電話。也許是一個平靜的下午，我在家中開始寫三十歲領悟到的教訓。也許是我在辦公室拿起一張白紙，開始畫心目中效率手冊的版式。也許是我參加了一個聚會，看到一個男生向我走來。

那些時刻都發生在司空見慣的地方、平凡的一天裡，但都改寫了我的生活，那些時刻不可預期，不會忘，不再來。

也許一開始我就說錯了，我們都不會擁有上千個波瀾壯闊的人生。因為波瀾壯闊是靠別人來定義的，那些在我們看來擁有波瀾壯闊人生的人，也會認為他們在過日常生活。

我們生活的所在和日常，就是遠方的人所見的遠方。看看遠道而來的旅行者，拿著相機驚訝的目光，就知道在他們眼中，我們身上早已充滿異域神祕故事，於他們而言十分不同尋常。

其實，根本就不用刻意尋找一個充滿離奇故事的環境，我們走在英雄的旅途上，生活中就有無窮無盡的故事和詩意。我們是電影，我們是傳記，我們早已是主角。

在願望清單中，我們渴望擁有一生重要時刻的標本，希望這些標本來自全世界。但大多數人只能在一顆星球上終老，我們窮其一生，都無法一一看遍這個星球上值得體驗的事物。那又怎樣呢？

世界的本質就是你的大腦。所有的感知、想法、感情、欲望，你的所有思想與感受都只在一個容器中發酵。你寫下清單，然後行動、獲得，願你我終將擁有願望清單裡的世界。

## 互動引導和填寫 ❺：參照清單

　　願望清單負責藍圖，是使用者的詩和遠方，是夜深人靜一個人的時候，想到就心動的事情。一人一輩子用一本願望清單，應該是一個有所實現、有所記憶的一生了。

## * 列出屬於你自己的宇宙參照系清單

　　去理解那些令人目瞪口呆的浩瀚尺度、大千世界、周而復始的生生滅滅、人類之渺小、宇宙之洪荒。

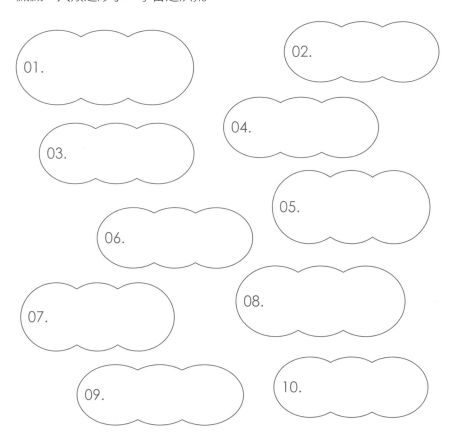

01.

02.

03.

04.

05.

06.

07.

08.

09.

10.

## * 列出今生最激勵你的十部傳記

　　俯瞰別人的故事，使你有能力跳出當下，去俯瞰自己故事中的人與事。

## * 列出今生最值得你觀看的電影

電影讓我們在黑暗中融入角色，讓我們哭，讓我們笑，讓我們等待，就像在體驗真正的人生。

| | |
|---|---|
| 01. | 02. |
| 03. | 04. |
| 05. | 06. |
| 07. | 08. |
| 09. | 10. |

## * 以事件達成為指標，列下你今生要企及的專業成和賺錢方式

你的所知所學和性格特徵，必將你推向某個行業的鏈條上，你需要知道那些令你羨慕的領袖人物到底做了什麼，你更需要知道未來你可以身在何處、可以貢獻什麼價值。

| 01 |
|----|

| 02 |
|----|

| 03 |
|----|

| 04 |
|----|

| 05 |
|----|

| 06 |
|----|

| 07 |
|----|

| 08 |
|----|

| 09 |
|----|

| 10 |
|----|

## * 列下你今生希望抵達的旅行目的地

世界是什麼樣子的，去親自看一看。

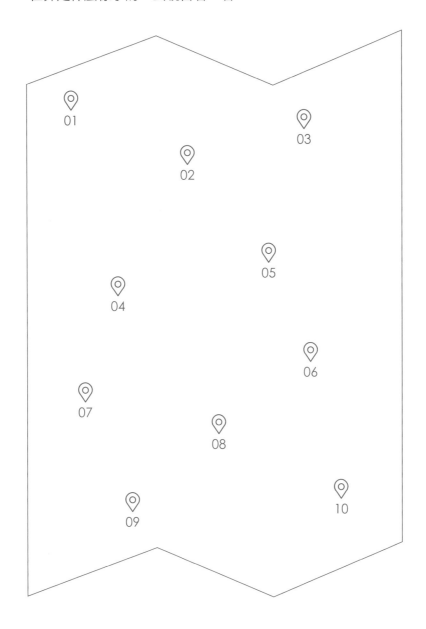

**\* 是平凡生活的珍貴時刻，是那些改變軌跡的決定性瞬間**

我們的生活中就有無窮無盡的故事和詩意，我們早已是主角。

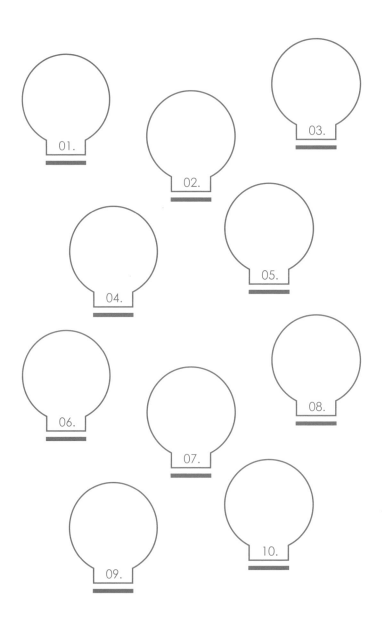

## 奇遇圖書館

在 2018 年，我計畫在一年中要讀五十二本書，讀完後將一些主觀理解錄成音訊，製作成集，起名為《奇遇圖書館》。五十二本書大部分已經選好，選書原則是：書中經典，滋潤過世人靈魂，對現實生活可以暫時無用。其實如果它能夠滋潤靈魂，也並不是真的無用。有些書我是讀過的，因為我變了，再讀的時候感到書也變了。可見，好書也並不存在「讀完」的時刻，每讀一次都還可以有「讀懂」的感覺。

之前，我總覺得相對於文字，音訊是虛幻、不雋永的，因為它稍縱即逝。琢磨很久的一個表達、在生命中曾經那麼有力的一句話，用幾秒鐘就輕巧地說出口，好像對不住那份珍貴。對於《奇遇圖書館》，這些聲音會是讀書之後的結果，從文字到音訊，我換一種介質記錄，只希望聲音能帶有呼吸和溫度，多年後再聽，又會是不一樣的感受，又是另外一種雋永。

各人的讀書習慣不一樣。在我小時候，老師說：「書越讀越厚，之後越讀越薄。」我現在知道，要想將好書讀薄，那真是要花費很大精力才能完成。當人回到現實生活時，還能帶著書裡的那些人物、品德和觀點，書才算薄了起來。你先讀的書參與構建了你的體系，後讀的書開始納入你的體系，新讀的書又打破這個體系。

我已經養成了穩定的讀書習慣，無法說好或者不好。既然我要讀五十二本書，就先把這個模式描述下來。

## 上來就讀

書拿來就要讀，不聽、不看評論和劇透，甚至不要經他人推薦。這本書最好是在書店中隨機抽出的，在別人案頭偶然拿來翻閱的。不預期、不設防，只帶著原本的那個自己，就像初來乍到的少年闖入一個世

界，旁邊不要有人指點引導，只讓作者拉著你的手看他的世界，你看到什麼就是什麼。不喜歡的就不喜歡了，不需要因為是名著就必須喜歡；看不懂的就是看不懂，就保持好奇心，就留著未知感。

## 等待擊中

有些書，會像那些不期而遇的人一樣，你將被它的光芒和特質當頭擊中。擊中的時刻就是幸福的，歲數越大，感受會越強烈：太棒了，還有東西能擊中我。可以說，只要你願意打開一本新書，願意出門見陌生人，心底就是有希望的，就擁有對這世界的渴望：「請擊中我吧！」永遠為在追求審美的過程中產生的激動心情而讀書。

## 讓我拋棄你

這幾年我越發意識到書不用讀完。小時候我有個誤解，認為人得有始有終，鉛字既然能被印在紙上，就一定是有原因的，裡面肯定藏著好東西。我好幾次堅持讀完，發現這是不對的，有些書竟然從頭到尾都沒有好東西，至少是沒有我想要的好東西。這幾年我更是覺得，什麼東西都能被印在紙上。談戀愛不用等到絕望再分手，看電影可以提前退場，書不愛讀就合上：對不起，我先告辭了。

## 讓我愛上你

我一旦被一本書擊中，這本書就會被我越看越厚，以至於看不完了。感謝網路，可以讓我聯想搜索，從作者生平到時代背景，再到相關人物的八卦和愛恨情仇，我看得欲罷不能。看書要研究作者嗎？下蛋要認識母雞嗎？我認為要，思想從人腦中流淌出來，人最可愛、最可貴，也最可恨、最可憐。這是我最愛看傳記的原因，直接看人，看他如電影一樣的生活，看他如何徐徐展開一生的畫卷。

## 句子迷

傳記中的人生都有決定性的瞬間，這些瞬間是被一個或幾個句子描述的，我著迷於這些句子。在小說類作品裡，這些句子和詞彙被有節奏地排列組合，同樣是司空見慣的漢字，卻可以訴說完全不同的情緒。

我會抄寫、蒐集和反覆閱讀，甚至背誦這些句子。成年後，我蒐集更多帶有觀點的句子，它們多過小時候喜愛的文學性句子，但無論我在哪個階段，在蒐集和反覆閱讀的過程中，都有愉悅的感覺。

## 指認

我這種閱讀方式也許是一把雙刃劍，由於我可能在閱讀過程中，融入主角的角色，所以我渴望長大、渴望成為有故事的人。長大之後，卻發現生活是另外一回事——不觀察生活本身就無法書寫，太抽離會失去樂趣，太投入又會痛苦。在生活中，有多少狂喜就有多少悲傷，有多少抵達就有多少落寞，想要的這些體驗總是相伴而生。

當我終於在某一個情景裡，確信我讀到過此刻況味，指認了當下，當年的閱讀才被宣告完成。這麼多年，這種懂得，在於別人的故事和自己的故事交會的那一刻，在於我和作者在遙遠的時空相視而笑的那一下。

## 重讀

重讀可以成為自己的一個儀式。尤其當指認發生時，我可以重新回到書櫃前，凝視著珍藏的書，抽出那一本，翻到那一頁。很多時候，我會直接翻閱我摘抄和收藏的句子，回憶那些句子後面的故事，看它們如何道出、如何點醒，如何一句一句撫慰我的心。

以上這些，如果到了第 7 步，那就是我生命中的好書，這樣的好書是極多的。所以你不可停止閱讀，因為你無法預先判斷在何時、何地、

哪本書會參與構建你，整個歷程都是一場奇遇。

如果這個時代的記錄終將脫離紙與筆，我依然堅定地相信，與閱讀紙本相關的人生體驗，會直到最後才與我們告別，因為這是無法取代的，是無法準確描述的東西，是紙的厚度、香氣和折痕，是手指的觸覺，是筆尖劃過的聲音，隨時間褪色。

閱讀不只是讀文字，不只是學習，不只是閱讀本身，是你在當下的那個情境裡與人交會。你記住的那本書就像你記住的某個人，她有氣味和觸感，你永遠渴望再次擁抱她的身體，也永遠記得第一次擁抱她的那個夜晚。

## 互動引導和填寫 ❻：閱讀清單

　　詞彙構成了思想。為了這一生不愚鈍，你必須是一名思想者；為了成為一名思想者，你必須閱讀。閱讀更新我們的大腦，為此，我們需要做出有意識的努力，比如說，一年讀完五十本書，寫滿一整本讀書手冊。別人不會知道，但你自己非常清楚的是，閱讀完五十本書的你，已經和沒有閱讀之前的你，完全不一樣了。

### * 開列一份年度讀書清單

　　請先整理出想讀的 50 本書目清單。不必拘泥，只要是你感興趣的都可以讀一讀。

| | |
|---|---|
| 01 | 02 |
| 03 | 04 |
| 05 | 06 |
| 07 | 08 |
| 09 | 10 |
| 11 | 12 |
| 13 | 14 |
| 15 | 16 |

17
18
19
20
21
22
23
24
25
26
27
28
29
30
31
32
33
34
35
36
37
38
39
40
41
42
43
44
45
46
47
48
49
50

## * 記錄靈感筆記 ........................................ □

　　隨時、隨地、隨手記下隨便什麼東西：聊天中閃現的靈感、電影中打動你的台詞、不經意脫口而出的絕妙句子。

## * 記錄每一本書的基本資訊 ........................ □

　　在這裡記錄書名、作者、出版單位、譯者、類別。

## * 記錄筆記 ............................................ □

　　在筆記區域可以製作思維導圖，網格版式有助於幫你合理布局。用自己的語言表達，這才是對一本書真正的理解，也是幫助自己梳理邏輯的過程。

## * 記錄書摘 ............................................ □

　　可用於大量記錄書中打動你的經典段落、語句。這部分內容，會成為你的語料素材庫，越來越多的語料，都會幫助我們識別、構建新領域、新認知。

## * 十個一生女性傳記清單

如果可以選擇，你希望活成誰的人生呢？誰的痛苦你能承受，誰的
榮光你願享有？

| 01. | 《茉莉人生：我在伊朗長大》<br>(Persepolis) | ◯ |
| 02. | 《小芙烈達：芙烈達・卡蘿的故事》<br>(Little Frida: A Story Of Frida Kahlo) | ◯ |
| 03. | 《男人的天使，自己的上帝：莎樂美傳奇》 | ◯ |
| 04. | 《無限的網：草間彌生自傳》 | ◯ |
| 05. | 《關於人生，我確實知道……歐普拉的人生智慧》<br>(What I Know for Sure) | ◯ |
| 06. | 《挺身而進》<br>Lean In: Women, Work and the Will to Lead) | ◯ |
| 07. | 《我的一個世紀》 | ◯ |
| 08. | 《黑色，是我永恆的姿態：香奈兒的傳奇》<br>(Coco Chanel: The Legend and the Life) | ◯ |
| 09. | 《通往權力之路：柴契爾夫人自傳》<br>(The path to power：Margaret Thatcher) | ◯ |
| 10. | 《我們仨》 | ◯ |

# 靈魂和肉體的雙引擎生活法

## 時光流逝，而我已才貌雙全

　　在三十歲那年，我寫下過一句話：「腰圍是少女和大媽的分水嶺，要拚死保持。」那時候的我早出晚歸，尚未生育，並不真的知道「拚死保持」意味著什麼。在接電話和開會的時候，我常常會無意識地手繪卡通小女郎，這些人都有一個突然收緊的小腰肢，身體因為小腰肢充滿了節奏感，我可以將她們畫成任何輕盈的形態，讓她們扭來扭去。我認為那就是我。人在年輕的時候還會有種幻覺，以為會這樣一直年輕下去。

　　三十四歲時，我生了女兒，生完第一天就照鏡子觀察自己的身體，發現這不是我熟悉的身體了，它竟然變形，且集中在腰腹部。這種變形和變胖又不同，是局部的鬆軟、突兀和衰老，完全改變整個身體的形態，看上去就像一個漏氣的魚鰾，沒有節奏、沒有生命力、沒有希望。我甚至都不愛自己了，我馬上想到我的未來。

　　我知道太多人因為沒有及時恢復身材，以致往後很多年都還在和贅肉奮戰，甚至不愛自己。我必須要及時做出選擇——成為她們，或者不成為她們。我又想到在十七歲時，曾減掉十公斤。我做過一次，那麼我還可以再做一次。畢竟，我可是一個寫下過「要拚死保持」的人啊！

　　和十七歲不同，現在的我畢竟代謝更差、起點更低，但我相信自己是一個各種人生專案的管理者。如果你像我一樣，從未養成過持久的鍛鍊習慣，那麼一個巨大的打擊，能幫助你開始堅定地執行塑身計畫。生

育之後就是這樣一個契機，在生產完你第一次照鏡子時，那個崩潰時刻，就應該狠狠地抓住它。

你看著自己，悲從中來，攥緊拳頭，在內心吶喊：我想要美好的肉體啊！然後就可以開始了。以下是我經歷的過程，首先，在生育後的第三十六天，我啟動準備工作，為塑身這件事設計了一百天的專案管理表格。

1. 測量：脫光立於鏡前，進行自我觀察，充分了解自己需要塑形的部位。測量這一天的胸圍、腰圍、臀圍等重點部位，並在「訂製全新的自己」的表格中認真記錄。肉眼始終為第一判斷標準，而不是絕對體重。真正塑身成功的標準是──當別人見到你時，說你「身材真好」，而不是「真瘦」。

**塑身 100 天專案管理表格**

2. **拍照**：穿短衣褲，為全身、正面、背面、側面拍照、留底，妥善儲存照片。這將成為健身雜誌裡面那種被叫作「Before」（以前）的照片。確切地說，這是應該被叫作「Goodbye」（再見）的照片。以此照片為證，你將與過去的自己告別。進行這個步驟的時候，我很激動。

3. **目標**：在表格上填好目標數值和身材榜樣。你也可以附上榜樣照片，可以是巔峰時期的自己，也可以是與你的外表身形本來就有幾分相似的公眾人物。總之，你要有明確的方向。當然，數值和榜樣一定要合理。

4. **深信**：將以上工作都做好後，請注視整個表格，目光掠過未來的每一天，想像一天比一天都更加精緻有型的自己，想像在目標達成後的樣子，深信你會實現，一定要深信。我認為，在人生的成長過程中，自我的正向暗示力量極大，例如深信「我會才貌雙全」、「我會性感、健康」、「我擁有源源不絕的靈感」、「我不會停止自我完善」。

然後，在執行的時候告訴自己這是一個「專案」。對於一個具備初級專案管理經驗的人來說，最好的辦法就是將自己的身體當作產品，將塑身當作項目執行，這樣思路會容易簡單很多。在世間，把事情做好、做對的道理都是相通的。

對於專案，就要設計相應的量化目標、進度表、周期和結果測評。看到這裡，你可能會說整本書都是表格，真是夠了。但我反而認為在本書設計的方法論中，執行塑身表格後的成就感，比育兒的 HABIT TRACKER 還要鮮明、直接。那時候我的創業還沒有像現在這樣如火如荼，對自我體能沒什麼確切追求，我只關心自己是不是美麗和漂亮。我真是太想要美麗和漂亮了，誰不想要呢？

做一百天的表格是簡單的，但是鍛鍊項目的可選範圍太大。我在網路上研究了一些時日，決定將其確定為一個能隨時啟動的最簡約內容。我在啟動計畫的時候總有一個特點：先啟動看看，不等到都準備好和研

究透徹之後再去做。

## 最簡約啟動內容

1. **三件事**：改善身材不外乎三件事，一是減脂，二是增肌，三是規範飲食。所以，塑身一百天表格僅用於記錄這三件事。

2. **精簡**：有關減脂、增肌和規範飲食的理論，一直以來非常龐雜，我根據自己的經驗、採納塑身方面的良師益友建議，盡量將執行方法簡單化。為自己選擇簡單的動作，先練起來再說。

3. **階段性目標**：我將十天當作一個階段，分十個階段，每個階段都有一個既定目標。設定目標的意義在於，既易於堅持，又能夠有針對性地訓練。

啟動之時，我也不知道一百天後會有多大改變，但我確信一定會有正向的改變。事實上，我自認為在生育一年後，才完全恢復到之前的身材，並保持到現在。和專案一樣，塑身這件事屬於結果導向，過程中的各種藉口都是多餘的，中途放棄是失敗，反彈也是失敗。最後，別人看見的只有你的樣子。只要你已經立志，不改變就輸了。

以上的流程和操作都不複雜，甚至是老生常談，如果說有祕訣可言，就是每個人必須找到屬於自己的有效激勵方法，確保健身這件事的持續性。

對我來說，這個激勵就是：健身雖然痛苦，但不健身會醜更痛苦。健身雖然累，不健身的身體更累。並且你要記住下一秒就累趴的感覺、汗水滴下的感覺，其他事沒到這個程度，都不叫努力。我一位女性朋友的激勵方法更刺激一些，就是在懶惰的時候看情敵的照片，看完就可以做到馬上開始健身。

有了持久的激勵，才會真正養成健身的習慣，帶著愛，讓健身成為和吃飯、睡覺一樣的日常活動。如我的伴侶葉先生，他與我同期展開健

身，至今已經超過五年，他為自己設計了更加縝密科學的計畫，完全改變了精神狀態和身材，幾乎成為一個「全新」的人。

還是那句話，時間看得見。健身就是投入和產出絕對呈正比的一件事，而且你會發現，時間的力量帶來驚人的效果。變胖與變瘦，都是在肉眼不可察覺中發生的。我們都需要一個更好、更健康、更漂亮的身體，現在就需要，而不是寄望於明天。

當你啟動健身計畫時，也可以同時啟動學習和閱讀計畫。每次拿出兩個小時，一小時磨練靈魂，一小時鍛鍊肉體。因為閱讀學習的成效無法立即肉眼可見，容易讓人氣餒而放棄長期堅持，但要給自己的腦部肌肉和大腦發展一個參照系。健身以七天為單位計算，基礎越差者，越能體驗到肉體和精力立竿見影的變化。這兩者就可以拿來做對比，互為激勵。

你知道健身的訓練效果會展現在肌肉變化上，你便能理解一小時閱讀一定能反映在思維上。雙引擎持續練習，你的大腦將像身體一樣美麗。這兩種積極的變化是一起發生的。意志力、專注力可以像肌肉一樣，經過後天訓練的。你需要做好充足的準備和決心：馴服天性，發現樂趣。

讓我們把想像中的場景放在一百天以後，想像幾個月未見的人見到你的表情，想像他們突如其來的驚訝。你可以猜到他們的眼睛和嘴型，聽到早已意料之中的誇獎，然後微微一笑。看到你的人也許得到一些啟迪和視覺享受，但你已得到太多：緊實順滑的身體，輕鬆穿衣的快感，自我控制的信念。一百天後，你重新獲得人生，根本不需要向任何人說明。

就是想要美好身體。這是抵抗人性本能的過程，我們用當下的堅毅，來兌現未來巨大的延遲滿足。不僅僅是身體的勝利，更是掌控心智的大腦之勝利。

## * 鍛鍊前測量身體各個層面

脫光立於鏡前，進行自我觀察，充分了解自己需要塑形的部位。測量這一天的數據。

胸圍

腰圍

手臂

手腕

臀圍

大腿圍

小腿圍

腳腕

拍照：穿短衣褲，為全身、正面、背面、側面拍照、留底，妥善儲存照片。

以此照片為證，你將與過去的自己告別。

## * 制定一個 100 天的鍛鍊目標，在表格中填寫目標數值

這個數值應該是合理的，不是激進目標。

起始日期：

終止日期：

100 天鍛鍊目標：

100 天完成情況：

(01) (02) (03) (04) (05) (06) (07)
(08) (09) (10) (11) (12) (13) (14)
(15) (16) (17) (18) (19) (20) **(21)**
(22) (23) (24) (25) (26) (27) (28)
(29) (30) (31) (32) (33) (34) (35)
(36) (37) (38) (39) (40) (41) (42)
(43) (44) (45) (46) (47) (48) (49)
**(50)** (51) (52) (53) (54) (55) (56)
(57) (58) (59) (60) (61) (62) (63)
(64) (65) (66) (67) (68) (69) (70)
(71) (72) (73) (74) (75) (76) (77)
(78) (79) (80) (81) (82) (83) (84)
(85) (86) (87) (88) (89) (90) (91)
(92) (93) (94) (95) (96) (97) (98)
(99) **(100)** (恭喜你完成 100 天計畫！)

附上一張榜樣照片。

可以是巔峰時期的自己，也可以是與你的外表身形本來就有幾分相似的公眾人物。

## * 設置階段性目標

每10天當作一個階段，分10個階段，每個階段都有一個既定目標。

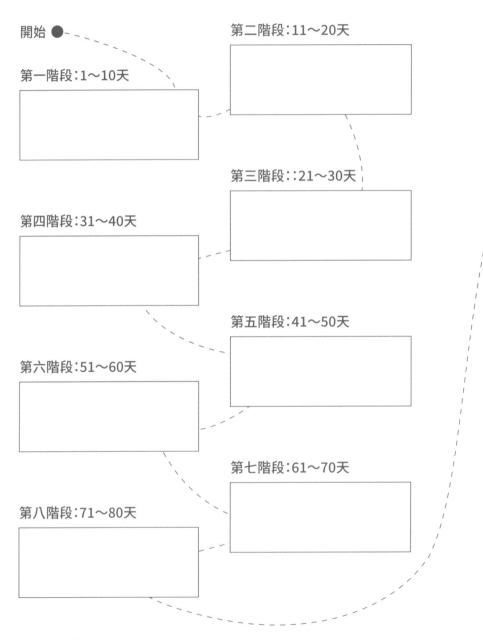

開始 ●

第一階段:1～10天

第二階段:11～20天

第三階段::21～30天

第四階段:31～40天

第五階段:41～50天

第六階段:51～60天

第七階段:61～70天

第八階段:71～80天

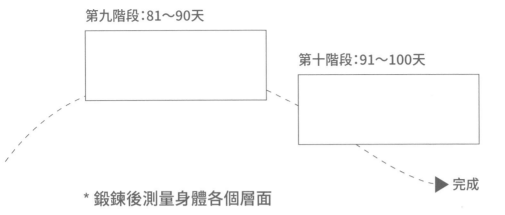

第九階段：81～90天

第十階段：91～100天

▶ 完成

## * 鍛鍊後測量身體各個層面

　　脫光立於鏡前，進行自我觀察，充分了解自己需要塑形的部位。測量這一天的數據。

胸圍

腰圍

手臂

手腕

臀圍

大腿圍

小腿圍

腳腕

拍照：穿短衣褲，為全身、正面、背面、側面拍照、留底，妥善儲存照片。

以此照片為證，迎接全新的你。

## 飲食瘦身一百天

　　這不是一個教大家做飯的計畫，而是幫助大家有能力識別食物，無論是在餐廳點菜，還是和別人聚餐，從此一眼望去，就知道吃什麼。其實在任何地方吃飯，都能夠透過飲食知識，自己決定吃什麼、吃多少、吃誰做的、在哪裡吃，問題都不大。關於食物的知識，一旦掌握就會終生掌握，一人掌握就會全家過著正向飲食的生活。

　　選擇食物的能力很重要，我們就是自己每天吃下什麼食物的選擇者。我十七歲第一次減肥，歷時三個月，從主食的減少和替換開始，養成了新的飲食習慣，直到今天。從統計學的角度來講，一個在生活中持續保持穩定的人，一定是非常清楚背後到底是怎樣的行為體系，幫助他做到持續穩定。如果一個人能夠持續十年、二十年的好看健康，眉眼明亮，身姿挺拔，去觀察他的飲食、睡眠、運動就可一目了然。

　　飲食瘦身一百天，是對食物營養和選擇的全面更新，這一百天是在潛移默化的過程當中，去迭代原有的行為方式和習慣，心理認知的調整和改變。雖然這些知識點和行動都很微小，譬如嘗試將飲食中的一種紅肉替換成一種白肉。但習慣的力量是巨大的，在漫長的時間裡，微小的習慣，確實會改變一個人。

　　我反對一切速成主義，在身體管理這件事上，速成主義的表現就是走極端，只吃水煮蔬菜，完全不吃主食、不吃肉類的單一食物選擇，已經被證明是不符合人體運轉規律的。多了解一些飲食背後的科學原理，不要盲目地節食，否則只會損害身體，而且難以長期執行，追求好身材一定要以健康作為絕對優先的前提。

　　無論男女，都應該處在健康的標準推動之下，這些標準甚至可以透過量化、透過均衡飲食和堅持鍛鍊達到。美貌源自健康和生命力，是均衡飲食和堅持鍛鍊的結果。至於模特兒，健康美貌者當然可以是參考標

準之一，但他們的一切也是來自於這個結果。

效率手冊的月計畫頁從 2021 年開始，有一個非常棒的迭代，我們將以往「肉體」部分重新劃分為：運動、飲食、睡眠三大好看時間必修課，並且在每一門必修課的後面，都增添了相應的「知識點」，以及附帶需要採取的「行動」計畫。內容更豐富，行動也更明確。一個人的外表塑造一定是「綜合管理」的過程，是心理狀態、鍛鍊、飲食、日常養護和醫美手段共同作用的結果，想單靠哪一個都是不夠的。

## 互動引導和填寫 ❽：飲食調控

在關於吃什麼、怎麼吃的飲食常識方面，可以說大多數人都是一年級小學生，上學時候的課表裡，沒有一門課程是教「如何正確地吃」這件事關身體的事情。

這種時候，出於習慣，出於依賴，爸爸媽媽或者廣告商會變得無比權威，我們慢慢形成自己的飲食習慣。食物經過咀嚼吞嚥消化，結構被打散，進入血液和細胞，再次聯結成形。確實是一口一口食物，構成我們的肉身。難道我們要過著一種知識赤貧的生活嗎？

認識到身體的改變，是以一種緩慢、分散的方式發生的，帶著耐心和信念，進入飲食瘦身的一百天吧。在這一百天中，絕對不是節食減肥，或完全顛覆之前的食譜。而是希望引導大家循序漸進地，學習科學的飲食方法和知識。先知道，然後長期做到，進而持久地改變飲食結構。

以下是為期一百天的飲食行動清單。

* DAY1 ～ 10 生食篇

挑出自己最喜歡的，慢慢去替代原有的主食結構。

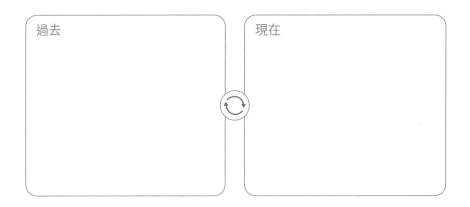

## *  DAY11 ～ 20 吃雞篇

拿出自己的手掌來對照，每餐吃夠一手掌的肉類或蛋類。

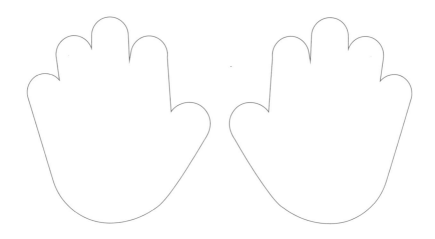

## *  DAY21 ～ 30 紅肉篇

更健康地吃紅肉，做到增肌又減脂。

| ✔ | ✘ |
|---|---|
| ✔ | ✘ |
| ✔ | ✘ |
| ✔ | ✘ |
| ✔ | ✘ |
| ✔ | ✘ |
| ✔ | ✘ |

## * DAY31 ～ 40 海鮮篇

健康且安全地吃白肉。

| | |
|---|---|
| ✔ | ✘ |
| ✔ | ✘ |
| ✔ | ✘ |
| ✔ | ✘ |
| ✔ | ✘ |
| ✔ | ✘ |
| ✔ | ✘ |

## * DAY41 ～ 50 蔬菜篇

適合每天懸掛在頭頂的待辦：今天是否攝入足夠蔬菜。

## * DAY51 ～ 60 早餐篇

重新審視傳統碳水化合物多的早餐飲食習慣。

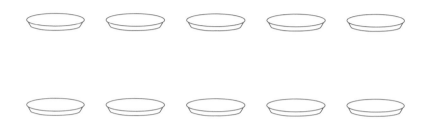

## *DAY61 ～ 70 午餐篇

謹記 211 飲食原則，在哪兒吃、吃什麼就都是次要。

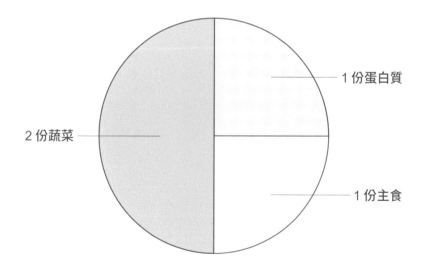

1 份蛋白質

2 份蔬菜

1 份主食

## * DAY71 ～ 80 晚餐篇

凝視你的晚餐，主食、蛋白質、碳水化合物？今天我還缺少哪些。

主食：

蛋白質：

碳水化合物：

## * DAY81 ~ 90 加餐篇

正餐之餘的熱量額度如何分配？

加餐的時間

10:00 am

3:00 ~ 4:00 pm

加餐的選擇

| 蛋白質類 | | 堅果類 | |
|---|---|---|---|
| | | | |
| 零食類 | 水果類 | 其他 | |
| | | | |

## * DAY91 ~ 100 飲料篇

飲料選擇繁多的當下，不得不更聰明地做選擇。

# 實現夢想的自我管理術

這一節將以我本人為例，討論一個像我這樣要面對高強度生活和多場景的人，是如何進行自我管理的。我是一個創業者、寫作者、媽媽，多元的身分使我面對著更複雜的時間與精力分配問題。當下，創業可以說是在所有生活方式中最艱難的一種。如果你也是一個身兼數職、背負責任且壓力巨大的人，以下的內容將對你有用。

選擇了創業，到底意味著什麼？距離夢想更近，擁有更富足的生活，這些是創業成功才會有的結果。必須承認，這樣的結果是一個微小機率事件。一旦你選擇創業，可以確定的是：你的生活從此擁有大量的不確定性。

## 英雄之旅

不是每個人都喜歡不確定性，因為它更接近危險，更容易引發恐懼，和我們自遠古的遺傳基因中，對安全感的世代渴望背道而馳。然而，也有人會發現，不確定性是非常迷人、令人渴望擁抱的東西。有極少數偏好高風險的人，認為此生最大的魅力，就是不確定性，而創業讓這種魅力增加數倍。

你必須是一個發現不確定性的魅力，和決心擁抱不確定性的人，如此獲得的激動，才能遠遠大於動盪所帶來的痛苦。我們接下來要談的事情，也都建立在這個基礎之上。創業只適合偏愛未知、風險、堅韌、驍勇的人，創業之路通往的是一個窄門。

如果你是一個創業者，面對各種層面、陸續發生的不確定事件，必須做出選擇。你要擁有解決問題之道，才能發現與掌握在不確定性背後的規律，將其中壞的規避，讓好的重複出現。

　　作為一個創業者必須堅信，任何一個問題都有解決辦法，而你的任務就是找出這個辦法，無論找出辦法的機率是 9/10 還是 1/1000，這項任務始終不變。接下來要說的，就是在談及創業各個層面之前，創始人首先從自我本身出發、要去尋找的解決辦法。

　　從 2008 年 2 月正式註冊公司開始，我創業的時間為 14 年。以下言論代表我個人的經驗和觀點，在我本人已經形成的思維方法和邏輯體系中，被證實高度有效。如果你也是創業者，希望對你有幫助。

　　創業一定是「all in」（全押）的遊戲，既然整個創業生涯都將進入巨大的不確定性漩渦，需要堅持不懈地尋找解決方案，那麼最先審視的部分應該是什麼呢？就是創始者本人。因為你是你的機會，你也是你的瓶頸。你是你的問題，你也是你的解決之道。

　　首先，一個企業創始人對自己的效率管理，即如何分配和利用時間、如何自我調動和休息、如何研磨自身的差異化優勢，是公司最開始的核心競爭力。

　　人與人的先天能量差異是巨大的，我們常說的時間管理，實際上是對單位時間內生產能力的管理。創業者單位時間的勞動生產率、思考認知能力、學習能力、溝通能力、解決問題的能力，都是企業競爭力的核心。就像經常說的，「連自己的身材都無法管理，如何管理自己的人生」的道理一樣，創業者只有管理好自己的效率，才能進而管理好團隊的效率。

　　接下來，我將從六個角度，探討創始人自我效率管理的問題。要記住，創業是人生的賭徒之旅，是和時間的賽跑。在整個創業歷程中，面對不確定性，擲骰子的機會是有限的，並且是永遠指向資源消耗的，資

源也永遠是稀缺的，無論是時間、智慧，還是金錢。

你必須在趁早了解自己的基礎上，做出最適合自己的選擇和行動。以下是創業者在自我效率管理上，要面對、處理和解決的六個問題。我們也要知道，創始人本身的一些特質不是單純地解決問題，而是需要更多地面對和處理問題。

## 解決優先順序問題

很多人會說，優先順序的問題可以用緊急和重要四象限來劃分。在創業過程中，當然將創業放在第一位，把每天的夢想拆成 KPI 填進四象限，就是優先順序管理。我認為這個思路整體來說沒錯，但這是第三步的事。從創業者本人的角度出發，前面還有兩個非常重要的步驟需要完成。不然，你會發現，走得越遠，自身帶來的阻礙越多。

### 第一步

你需要明確，對自己來說，生活中哪些是必然正確的選擇。例如，鍛鍊身體和閱讀。在任何時候這樣做不會錯，不會晚，不嫌多。我認為，鍛鍊身體、正常作息和飲食，尤其針對情緒的調整和管理，都是非常重要的事情。身體是創業之本，處於優先順序的首位。

創業是一條長路，誰也不知道究竟多長，如果你是不確定性愛好者，那麼幾乎可以斷定這條路將到達你生命的終點。因此，你需要足夠長的時間、足夠強韌的心力，你的身體必須要健康，這點是基本前提，非常重要。

健康的身體和心智是你的基礎成本，其次才是時間、智慧、金錢和資源。你要做好攻城→失敗→再次出發→再次攻城的準備。因此，在時間表中，排在優先順序第一位的是身體和心智，應拿出時間，以科學研究的態度用在對身體問題的專注上。記住，做這件事不會錯，不會晚，

不嫌多。

請拿出效率手冊。無論你如何安排時間表，在優先順序的第一位，將鍛鍊時間和休息時間填寫進去，並且要保障時長和頻次。至於具體的時長和頻次，要根據自身的情況。像是由於遺傳特質，你每天睡四個小時，每周鍛鍊三次，就可以保持良好的狀態，那麼你按照對自己的了解進行計畫就行。

對於創業者來說，鍛鍊身體已經超越了愛好，是必須做的功課，與學習行業知識一樣重要，這是你的能量流。如果創業讓你感到焦慮，你必須找到自己獨有的緩解方式並化解之。

鍛鍊身體和排解壓力是創業的一部分。你創業的必要條件，是生機勃勃地活著，並像燃料那樣，同時點燃自己和團隊，所以首先要具備充足的能量。請將提高睡眠品質和保證睡眠時間，當作重要的目標來追求。它們也在優先順序之內，因為睡覺是創業過程中的一部分。

我為自己設計了創業主題手冊，來做創業日程和精力分配的規劃，這個工作手冊是非常細密和偏執的，適合我這樣的創業者使用。

## 第二步

這一步終於講到創業本身了，但不是馬上講到實現戰略和夢想的問題，而是要提及企業如何存活的問題。讓公司活下來，是第一要務，因為活著就是一切，就是希望。

在創始人自我效率管理方面，既要管理自己用多長時間仰望未來，也要管理自己用多少精力腳踏實地。你要充分琢磨眼下的生存問題，看現金流量表能讓公司活多久，明確每個月的收入支撐是什麼，如何落實計畫。你要每天花時間研究成本結構，研究減少可變成本的可能性，研究降低成本來獲取客戶的方法。

作為創始人，在企業的現金進入健康循環之前，你要親自查看財務

報表、落實重要的項目，專注於當下可以銷售的產品和尋找使用者。無論創業是緣於什麼，創始人都要擁有努力做生意的心態。所謂努力做生意，就是想清楚把什麼東西用什麼方法賣給誰的基本思路。這個思路是簡單、樸素、直接的，必須由創始人自己想清。

在思考了生存基本保障之後，便可以開始思考夢想。思考什麼是次要的、應該放棄的，這樣才能集中精力去追求最重要的東西。你每天不得不在夢想和現實之間來來回回，因此需要為它們在效率手冊上，都留出確切的時間。

你可以透過閱讀、對談、計畫來完善夢想，為夢想做筆記，更新大膽的思路並寫入商業計畫書。否則，只有夢想，會無法落實，就是無米之炊；只有現實，則會狹隘，會終日忙碌。

思考夢想最好的兩個時間：一個是午夜，另一個是清晨。我的經驗是在午夜，可以讓夢想狂野，這時會湧現出更新你一生的計畫和商業計畫書的想法。清晨可以讓你振作和務實，你可以用這個時間寫下執行方案和分工方案。

因此，創業者可以訓練自己，在一早一晚寫創業日誌的習慣。創業日誌就像長跑者腳下的每一塊磚，累積添加才會見效。晚上狂野，你就「放」，寫演繹，寫想像；早上務實，你就「收」，寫執行，寫歸納，寫落實。

創業者還應該重視兩種時刻，並刻意為之。一種是交談和腦力激盪的時刻，另一種是閱讀的時刻。閱讀其實是另一種交談。將瞬間的靈感記錄下來，可啟發和激盪你的觀點迅速更新到日誌中。在每周，你都應該在優先順序上做這樣的安排，而不是一味低頭創業。

第三步

創業必然包括設計遠景目標和兌現夢想。如果你對計畫和時間管理

有些經驗，這時就可以用上四象限和甘特圖等工具了。你需要為自己的項目設計階段表，從大目標逆向倒推到每個月、甚至每一天自己和團隊的 KPI。這個時間表和企業的成長節奏、融資里程碑都息息相關。

你可以像那些勤奮的創始人一樣，在每天早上開列自己的清單，包括找人、找錢、找資源、回覆郵件和激勵員工等。如果公司剛起步，你還需要找到親力親為和授權給別人之間的界線。

在這一部分操作裡，每天會有大量的不確定性產生，帶給你驚喜和失望，希望點燃又破滅，來來回回。你需要的是堅韌和執著。在這個階段中，吃苦和勤奮是最划算的，是除了錢之外可以反覆押上的籌碼。你付出的是體力和腦細胞，所以排在優先順序第一位的身體和心智部分，隨著這層面的開展變得尤為重要。

優先順序的第三步，是你要透過管理自己去管理公司。這和公司的主要驅動力、管理風格都密切相關。比如，你判斷公司的主要驅動力是什麼，就需要按照自己對管理公司的判斷來分配時間。只有透過積極的推進，才能測出你對公司各種判斷的有效性。

例如我在使用創業手冊時，會把內容進行分類，分別是錢、人、資源、產品和日常管理。事實上，企業在每個時期的重心，都是在變化的，因此你的工作重心也要隨時變化。

根據對工作重心的判斷，創業手冊中的每一欄都有每天的功課。你要發誓，一定要推進當天的目標。每天的最低限度，是一定要向前跨一步，哪怕只是一公分。不積跬步無以至千里，這就是創業。

你要踏著造物主的時光刻度，一格一格地完成。你要堅信，未來的成果，就是現在所做一切事情的回報。創業是圍繞信念所展開的一系列行動。

## 面對貪婪和恐懼

以上我們解決了優先順序的問題，實際上，優先順序需要建立在一個假設之上：創業者本人是足夠理性的。足夠理性，才能客觀看待自己，包括身體條件、對企業驅動力和判斷工作重心的能力。尤其是在執行層面，一旦認定了就去做，並使用最科學的方法。大家常說，創業者最需要的不是理性，而是激情。其實，激情是一把雙刃劍：一方面，會讓人產生高效能；另一方面，也是情緒的一種，但凡是情緒，就會影響人的認知和判斷。

建立自我效率解決方案的目標，是能應對各種迎面而來的不確定性，而我們自身的人性，在面對不確定性的時候，所產生的各種情緒是最難把握的。創業者的核心工作，就是在自己的貪婪和恐懼中，不停地面對一系列的不確定性，必須及時做出一系列的風險決策。

因此，創業者有一個常年的功課要做，那就是不停地練習和掌握自己專用的基本決策工具。重點是要練習和掌握，聽來的、複製來的都不算，因為人與人之間的區別，公司與公司之間的區別都太大了。

例如做金融投資的人，會有自己專屬的算法和公式，因為每個人基於不同的認知，所偏好的算法和公式也有區別。假如人生是一場機率遊戲，那麼我們一連串的選擇決定了最終結局。查理·蒙格（Charles T. Munger）在評價巴菲特時，說巴菲特也只是在一生中做對幾次選擇而已。

每個人的一生都在不停地選擇，無論是主動的還是被動的。創業者的人生，必須是有意識地一直練習做選擇，公司的命運往往都是其中幾個關鍵性的選擇決定的。

我特別認同電影《教父》中的一句話——每個人的幸運都是他自己選擇的結果，就像他的不幸一樣。每個人都有自己偏好的決策方式，只

是有的人意識不到罷了。

　　和大多數創業者一樣，我常用的決策工具是基於行業數據和規律的計算。對於具體產品，要對成本、時間、執行難度和複雜性進行預估；對於一個項目，要在大趨勢下對風險控制進行論證。在展開這些工作之前，一個先決條件是解決情緒干擾問題。

創業手稿

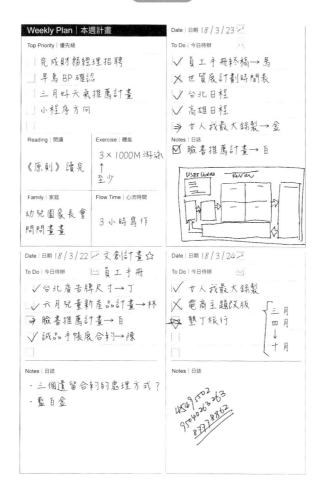

在創業中，有一種很重要的能力，就是要在任何選擇面前，摒除情緒和其他干擾，從而理性選擇最佳路線。這種能力要建立在對人性的弱點、自己的特點，以及市場和規律盡可能充分了解的基礎之上。腦子一熱、意氣用事、情緒化、慌張、恐懼等各種複雜情緒的交織，都會影響決策。

理論上，創業者的資訊蒐集能力和全面觀越強，在每次做抉擇時去除情緒的能力就越優秀，多次選擇的累加就越趨向於商業成功的結果。真正卓越的創業者應該精於計算並且冷血，類似 AlphaGo（阿爾法圍棋）的存在。

因此，創業者在自我效率管理中的重要一環，就是先覺知自己的貪婪和審視自己的恐懼，然後盡可能擺脫情緒化決策。將帥之才需要在戰略上激情，在戰術上冷血，這樣才比較容易打勝仗。

身體狀況和睡眠品質會給情緒帶來嚴重的影響，因此我們前面說過的身體部分，其優先順序非常重要，你會發現創業的心力和韌性，很大部分竟然源於對體能極限的自信。在創業過程中，你要掌握自己的身體訊號，學會休息。只需要 4～5 小時的睡眠時間，到底是基因過人，還是透支生命，也要分辨清楚。

你需要訓練出符合自身的快速充電方式，如在車上或任何地方都可以打個盹。像我就比較容易在美容和按摩時獲得優質睡眠，便會特別空出這個時間讓自己休息。這樣既是為了體能和健康，也是為了調整情緒，從而讓決策更準確。

我還會利用寫下來的方法。在面臨選擇之前，用白紙黑字寫下我的貪婪和恐懼，貪婪就是我想要的收益和機會，恐懼就是我擔心的損失和風險。將貪婪和確切的夢想與使命做比對，問自己：是真的想要，還是虛榮和投機讓自己想要？

將恐懼和他人的評價做比對，你感受到的是失敗的恐懼，還是沒有

出手的遺憾？請反覆把自己置於場景中想像，體驗代入後的情緒。

　　然後要寫下描述當時情緒的形容詞，並給情緒評分：從 –10 到 10 分。0 分表示平靜，在 –3 分之下，3 分之上的時候不做決定。其實談戀愛和結婚、離婚同理。這就是為什麼重大決定不要在午夜的時候、不要在失眠或喝酒之後、不要在和其他人徹夜長談之後做，要在白天，站在陽光下、讓陽光照在你臉上的時候做。

　　在情緒特別強烈的時候，創業者也要尋找辦法幫助自己平靜。尤其在出現憤怒、狂喜、嫉妒、悔恨之時，必須訓練抽離和旁觀的能力。

　　在這裡我很想說一點，創業是為了成功，不是為了感動自己或成為悲情英雄。有的創業者會用悲劇感和決然感來自我美化，代入絕地反擊、背水一戰的故事去做決定。英雄要打勝仗，英雄都是在勝利之後被追認的。你必須完成故事，才能成為英雄。你的關注點必須一直在打勝仗上，在這之前，不要去看自己落寞的背影。

　　選擇創業，面臨不確定性，當然會獲得超乎平常生活的體驗，但其過程是不為人知的，商業成功是唯一的結果。所有決策只分為兩種，有利於和不利於商業成功的。當我的情緒出現時，較常利用抽離法，如看宇宙天體或者地球的紀錄片，變換格局和視角，告訴自己這都不叫事兒，用更長的時間線或者更大的角度來做決定。

　　死生之外本無大事。作為創業者，我習慣於專注未來，在平常不喜歡回憶過去。但為了調節情緒，我會回憶上一個時期或是幾年前的自己，告訴自己今天面臨的痛苦和困難是我選擇的結果。困難是不會停止的，但今天的我面臨的是更高層級的困難。今日困難之大，在當年是不敢想像的。因此，我依然會獲得一種具有進階感的判斷，這也是成果的一種。

　　我預謀了更大的困難，是因為我曾經渴望更大的困難，當然，我最渴望的、最應該做的就是戰勝它，我的情緒會轉化成鬥志。

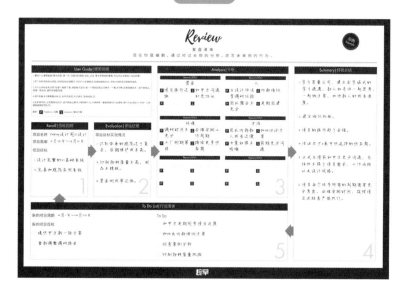

有的創業者會找人聊天喝酒。找人聊天也許管用，但建議你與經歷相似的更大格局者聊天，否則容易變成無謂的傾訴和發洩。本來創業的理想重點是指向自由的，努力讓自己自由，哪怕在最難的時候也是。

## 終究孤獨

說到孤獨，我們看到很多創業者都罹患憂鬱症，這和孤獨是強相關的。人在獨處的時候孤獨，在熱鬧的時候也孤獨。真要說起每個人的孤獨，需要有足夠的時間和場景慢慢咀嚼、細細體會。也就是說，孤獨從根本上是沒法解決的問題，只能盡量將其最小化。

一旦創業，創始人的孤獨要在個體孤獨之外，再加上一個「戰略孤獨」，無論你去不去哪兒、想怎麼去，都無法再與誰說明。投資人、客戶、團隊，都只能知曉你的一段或者一面，所以從這個角度來說，在創業時有合夥人會好很多，凡事有人商量，至少在公司的決策層面上，可以用多視角來觀察事物。

處理孤獨，在我的經驗裡最好的辦法是：第一，接受孤獨的事實；第二，給自己加戲，就像劉瑜寫的那句「一個人要像一支隊伍」一樣。

無論創業與否，這一生，都是自己要陪自己走。既然創業了，就更極致一點，除了是公司的 CEO 之外，也是自己的 CEO、健身教練、營養專家、心理醫師和知心好友。

「修身、齊家、治國、平天下」，既然敢創立一個公司，從無到有，到進行一輪、二輪、三輪融資，難道還管理不了、陪伴不了自己？你必須一人分飾多角，在獨處時興味盎然，在聚會時燒腦費心，在布道時光芒萬丈。

你創業了，註定要成為極少數的人，若別人都能看懂你、理解你，那你怎麼成為獨特的極少數，怎麼成為靈魂人物呢？因此，創業者之路就是極致的孤獨之路，不然呢？

但是，同樣是孤獨，創業者還是必須盡力去溝通、去傳達，讓客戶、合夥人、團隊、投資人都懂你，一遍又一遍，不能懈怠。哪怕你是內向人格，對人與人之間的「懂」持悲觀態度，也要用語言、文字和行為，不知疲倦地去傳達和影響周遭的人。你要燃起星星之火，你是漩渦的核心，你是原始作用力，如果你不宣傳，就沒人替你宣傳了。

　　我們在前面提到了創始人的理性，什麼是理性？就是你的內在是孤獨的，為了創業，理性告訴你，外在的功課也要做，這是創業的需要。但是，必須處理孤獨，不然會出問題。當孤獨讓你情緒化，尤其是接近自閉、絕望和崩潰的時候，你必須主動尋找解決辦法，哪怕是尋求心理醫師的輔導。

　　我認為創業者的邏輯越和自己契合，越容易成功。你是誰？你要去哪裡？你為什麼出發？不解決這些基本的人生問題，你會缺乏底層心力去面對未來的大量問題。

　　文藝孤獨的原因是審美缺乏共鳴，戰略孤獨的原因是缺人一起指認前路。我個人認為，創業者如果出現文藝孤獨，可能是因為創業還不夠極致、不夠專注。在具體問題面前，實在很難有時間文藝孤獨。

　　如果是文藝青年創業呢？譬如做消費升級類產品，也不用總是埋怨市場和客戶不懂你。市場和客戶就是因為審美不如你，才需要你引導啊，大家都和你的認知一樣，還需要你引導什麼，還需要你提供什麼產品？

　　我第一次創業是做商業設計公司（趁早是第二次），後來轉到公關公司。之前我在做商業設計公司的時候，就遇到過類似的問題，客戶要求修改稿件，我不生氣，因為他不如我，所以才需要我的服務幫助他提升。

　　當時我們還替客戶設計店面的招牌，真心覺得滿街的招牌都好醜。當我去巴黎出差時，慶幸自己在北京做商業設計，如果是在巴黎，家家

戶戶的審美觀念都這麼好，我早就餓死了。所以心態很重要。

我本人還有一個好辦法來解決戰略孤獨。由於我的戰略孤獨，會伴隨著在創業道路上、在具體選擇面前的自我懷疑和迷惘一起出現，因此我會從頭梳理我的出發點，持續問自己以下幾個問題：我是誰？我要做什麼事？我要怎麼做？我要用多快的速度做完？

我會重新懂得為什麼出發，為什麼走上這條路，這是我選擇的意義和使命。因為我是我，我根本不會做出別的選擇，就是會走上這條路，就是會面臨這一切，體會到這種所謂的孤獨。

解決專注要面對的問題有兩個：一個是時間，另一個是能力。創業，就是找到一個入口，像釘子一樣釘進去，深耕。這要求創業者有追求本質和深度思考研究的能力，這和當下宣導的碎片化學習是背道而馳的。

我認為碎片化學習是偽學習，尤其對創業者而言，想要對某一個行業扎根進去，就必須持續深度學習才行。學習者只有屏棄干擾，快速地進入心流狀態，才會對知識有更多的掌握，從而讓學習狀態保持良性循環。我們在看電影、聽音樂、畫畫、閱讀、專注思考、解題的時候，都會進入心流體驗，我們常說的「篤定」，就是在描述這樣一種體驗。

因此，在效率管理上，創業者要側重專注時間的分配，這在日程表上，應該是要被長期堅持的。按照時間管理的四象限法則，它是典型的那類「重要而不緊急」的事情，和鍛鍊身體十分相似。

你需要有意識、間歇性地進入心流，體驗它的存在，並掌握快速進入的方法。在專注目標的道路上能夠體驗到的美好感覺，其實是心流提供的。你不篤定，不沉浸，就不會體驗到。這一部分的自我認知和訓練方法，在本書的第三章已經提及過，建議可以再返回閱讀。

所以在自我效率管理上，作為創業者，即使再忙，有再多的瑣碎事務，每周也要在效率手冊或者日程表上，留出幾段心流時間。我知道某些有信仰的創業者，會透過冥想和打坐來調節，這也是不錯的方式。你

要找到適合自己的方法，來擁有這種篤定、平和、舒緩、專注的時刻，並獲得張力。

有一些機會主義導向型的創業者，跟隨趨勢，喜歡碎片化知識和學習，又愛參加各種會議和論壇。我覺得要適當減少以上這些比重，才能把知識、觀點真正變為己有。不然沒有根基就會飄搖，在創業的潮水中很容易形同浮萍。我比較極端地認為，沒有專注習慣和能力的人難成大器，也很難在過程中體會到真正的幸福。

## 讓優勢無限大

人與人之間的先天能量區別是巨大的，我們常說的時間管理，實際上是對單位時間內生產能力的管理。創業者在單位時間內的勞動生產率、思考認知與學習能力、溝通解決問題的能力，都是企業競爭力的核心。

創業比拚的主要是時間速度和規模問題、在同樣時間內的差異問題。既然是時間周期恆定的比賽，比的就是創業者操盤的差異。人本身是每個創業項目最大的機會和壁壘。

所以創業者自身要管理單位時間的效能，就應該專注在兩點上：第一，如何快速放大優勢；第二，如何快速減少瓶頸。第一個是為了像田忌賽馬，讓自己的優勢無限大到別人很難模仿和追隨的位置，第二個是為了補足創業者通識，讓自己的弱勢在未來不要成為阻礙發展的瓶頸。如果將這兩件事持續做到獲得顯著成果的程度，就可以讓創業者的自我效率管理達到最高水準。

反映在效率管理規劃上，就是要為自己設計 KPI。例如，以一日為記，今天在優勢的方向上，做了哪些具體的努力事項；同樣，在補足弱勢上，又做了哪些。日日累積和更新，到某天，在單位時間內，你操作優勢時間的產出是競爭對手數倍的時候，累積就開始見效，這也是一萬

小時定律的基本概念。

　　創業者的優勢在於，在補足弱勢的操作上，除了自己做還可以找別人，那麼就要在每天的計畫中，預留找人的時間，直至找到，讓這個人來補足項目和企業的缺點。

　　那麼，像前面提到的優先順序事項、情緒處理時間、心流專注時間一樣，你需要把優勢和瓶頸都放在效率手冊和日程上，成為非常固定的項目，而不是想起來才做。尤其是對於優勢，長時間的加強和累積會帶來質變的結果。

　　今天所有的效率管理解決方案，其實都是幫助企業的管理者，在解決當務之急和撲火救火之外，確定哪些日程的分配和持久的計畫，能陪伴其走很遠的路。創業者的個人效率管理意識，能夠讓我們兼顧短期目標，為自己的持續發展打下基礎。個人效率管理意識的核心理念，就是節制、塑造和踐行。

### 極少數的人生排序

　　創業者需要自我養成計畫，好的創業者能塑造團隊，當然也能塑造自我。真正的創業者都是自驅型人格，自驅必然帶來自律，因為想成功就要每天努力。時間久了，就形成習慣。好習慣都是學習得來的。

　　其實這裡所說的自我效率管理和解決方案，在很多優秀創業者身上，都已經形成習慣。在另外一些人那裡，我們也聽過「道理都懂，但還是過不好這一生」。我的看法是，說道理都懂但沒有執行的人還是不懂。既然沒做，當然過不好一生。

　　以我為例，大範圍內都在執行這些效率管理的法則，譬如說我非常關心優先順序裡的身體、睡眠和情緒。對於解決公司先生存再發展的問題等，我基本都按照這些邏輯來安排日常和時間，也很早就處理了孤獨的問題。但是心流問題我依然解決不了，究其原因，是我對自己認知的

慣性和拖延。

我知道自己可以長時間閱讀和繪畫，也擁有在固定周期內大量專注寫作的能力，所以我就會放鬆要求，認為自己可以在下一個長時間裡重現專注。但是事實證明，在所有的習慣中斷後，心流狀態都會退化，重新進入則更慢，獲得效果更差。這就導致一個長期脫離狀態，需要把自己再次拉入的問題，要解決這個問題，就要在固定時間內做效率管理。

按照以上提到的邏輯，在你的創業者手冊上，可以寫下如下規定。

9 月 20 日

1. 保證睡眠 7 小時

2. 健身 1 小時

3. 公司生存：現金流和銷售業務

4. 公司發展：策略、人、資源、錢

5. 傳播認知和點燃團隊成員，談話 30 分鐘

6. 優勢時間

7. 瓶頸時間

8. 心流專注時間（可與優勢時間重合，也可以分配給轉移注意力的情緒處理型心流活動）

自律的反義詞叫「他律」，在創業者身上，也能看到「他律」的部分，因為時間和競爭對手在追趕你，你會發現自己被趨勢、市場和客戶推著走，被迫做出很多行為和努力，這是時代在選擇的結果。

如果他律見效，會慢慢轉化為自律的習慣，一旦轉為自發之後，你可以按照自己的特質和行業特徵去豐富上面的規定。但是在原則上，以上 8 項是不可放鬆的，因為任何一項的疏忽，都會在未來顯現出破壞性結果。

## 關於戀愛和婚姻

當我每次評論和回答關於女性創業者的問題時，都會提到女人和女人之間差別之大，早已超過男性和女性的差別。

關於創業者的精神世界、情緒問題與孤獨感，我們之前都做了討論並有了結論。對於家庭中的親人與情感關係，最重要的就是彼此懂得和互相滿足需求。如果你是一個創業者，或者打算創業，還沒有選擇伴侶，沒有建立家庭，那會相對比較好辦。

你剛剛不是已經排列出屬於自己的效率管理列表了嗎？你的每一天都有明確的日程清單，也清楚每一項日程背後的邏輯，作為一個優先順序清晰、注重管理健康和情緒的創業者，你的清單中其實有明確的時間留給健身、情緒處理、看電影和談戀愛等心流活動，那接下來就很好辦了。

第一層，為了避免人生終極意義上的孤獨，你最好一開始就跟他講清楚你是誰，你要去哪裡，你要怎麼去。也就是解釋你為什麼創業，你選擇這條路的原因。當然，他會關心如果要陪伴創業的你，將會面對和經歷什麼。

第二層，你完全可以直接回答他會面對和經歷什麼問題。給你的交往對象、潛在伴侶、結婚候選人展示你的日程清單，首先解釋每一條背後的形成機制和操作目的，看他懂不懂。然後指出其中哪一條是可以與他共同完成的，如健身、情緒處理和心流部分，你可以邀請他參加。但要記住，這並不是你為戀愛、為家庭、為他特意留出的時間，作為創業者，你本就需要這些時間，現在只是想多一個人參加，因為你們互相喜愛。這些時間從來都不應該被拋棄和犧牲。

第三層，當然你和他都會認為，這個清單是理想狀態，你的時間一定會被各種不確定性擠壓和改變。但你要告訴他那些不確定性，恰恰是最令人著迷的部分，不知道會發生什麼，驚喜和跌宕都在前面，你要的

就是這樣的生活。只要你有了這樣一份效率管理清單，你和他就已經掌握了生活大致上的樣子。創業當然充滿混亂，但不會有 365 天的混亂。如果你真的擁有 365 天的混亂，請重新再讀一遍我梳理的效率管理方式。

以上的假設，是基於你還沒找到伴侶、尚未組建家庭的情況。如果你已經找到伴侶和建立家庭，那麼依然可以重複以上三層，並重新透過新的效率管理清單和對方溝通第二層。你可以利用講解每一個事項，獲得一次品質極高的深談，你會再獲得一次懂得和信任。然後在第三層，透過你熱愛不確定性的描述，讓彼此的交談就像兩個少年在對話一樣。

最後，問題來了，如果你有了孩子，怎麼平衡？在創業的字典裡沒有平衡，只有極致。再回顧你的優先順序清單，你發現所有的事項是自己按邏輯選擇的結果，但竟然呈現出一種平衡。外人看來的平衡，是一種呈現的結果，但在選擇的時候，你選擇的從來都是一種極致，一切都指向一個目標——勝利。

如果說創業者有所謂平衡家庭和工作的祕訣，那麼優先將心流時間排序就是祕訣。將你清單裡大量的心流專注時間留給孩子，前提是要有這個時段。也就是說，你重新整理優先順序的能力越強，就越能將心流時間放入日程並且保證執行，就越能保障你的家庭和睦和親子時間充足。

## 互動引導和填寫 ❾：商業計畫

　　你要將創業初心翻譯為商業語言，在你創造的產品或服務上凝結價值，熬過漫長煎熬的等待期，直到第一筆訂單成交，收入入帳，商業模式驗證成立。

　　你心中必須非常清晰地知道以下幾方面：戰略定位、市場概況、服務及產品、行銷推廣、競爭優勢、核心團隊、營運現狀及發展規劃、融資金額及用途。下面，讓我們一步一步完成三年創業計畫吧！

### * 填寫你的商業計畫書

　　一份完整的商業計畫書，代表著你所創造的產品或服務，已經形成理論上的自我循環。

最初建立時間

_____年 _____月_____日

## * 1. 戰略定位

你的公司做什麼？不做什麼？三年後會是什麼樣子？

請用簡單的語言描述出。這部分是公司的願景，必須有，將成為未來一切大小決策的判斷準繩。

_____

_____

_____

## * 2. 市場分析

對所處的行業進行未來三年的市場分析。

包括市場容量、增長速度、發展趨勢、目標客群、需求痛點。

| | |
|---|---|
| 市場容量 | |
| 增長速度 | |
| 發展趨勢 | |
| 目標客群 | |
| 需求痛點 | |

## * 3. 服務及產品

　　你準備提供什麼形態的產品或服務？它們如何解決目標客群的需求痛點？且具有怎樣的功能、特點、產品結構、智慧財產權等。

服務及產品要讓你和團隊興奮起來，客戶才可能感知到並愛上。

_____

_____

_____

_____

_____

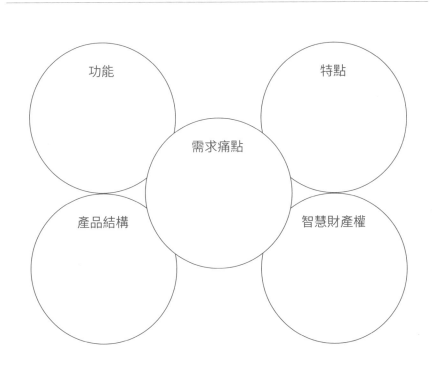

## * 4. 商業模式

擁有什麼核心資源？核心業務流程是什麼？未來一年的盈利模式是什麼？三年後的盈利模式是什麼？

商業模式是產生現金流的邏輯假設。

核心資源：

核心業務流程：

盈利模式：

## * 5. 競爭分析

高度關注同一個賽道的競爭對手，以表格形式列出細分行業內的標竿競爭對手。

評估層面可以參考以下方面：技術壁壘、核心團隊、客戶資料、資源優勢、營運策略、融資情況等。歷史不爭辯誰對了，只呈現誰留下了。

| 競爭對手<br>評估層面 | | | |
|---|---|---|---|
| 技術壁壘 | | | |
| 核心團隊 | | | |
| 客戶資料 | | | |
| 資源優勢 | | | |
| 營運策略 | | | |
| 融資情況 | | | |
| | | | |
| | | | |

## * 6. 營銷推廣

你擁有哪些核心資源管道？你打算採取哪些市場推廣策略及競爭策略？

一個一個，得到你的客戶，讓他們愛上你的產品或服務。

核心資源管道：

市場推廣策略：

競爭策略：

## *7. 核心團隊

簡單介紹核心團隊的從業背景及擅長領域。

好的團隊是下場踢球，各懷絕技，指向一個勝利。

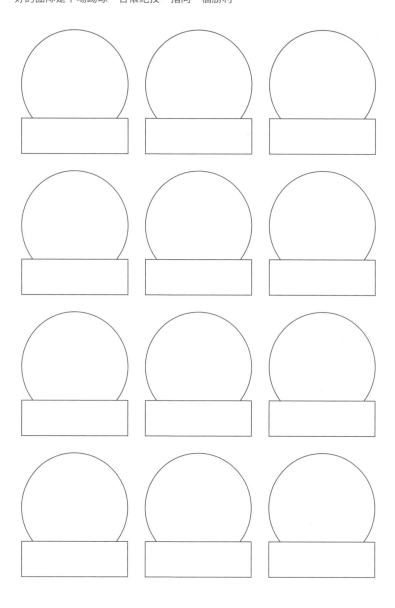

## * 8. 營運

從第一天起，就要關注那些事關生死的關鍵資料。

如活化用戶、註冊用戶、日活用戶、日活率、留存率、日訂單數、客單價、毛利率、銷售收入。對這些指標的變化保持最高級別的警覺。

# * 9. 財務

力保現金流為正，才有能力持續造血，有收入源源不斷地為自己續命。

緊盯現金流量表，量入為出，控制成本，至少提前一年做出最悲觀的預測。


## 預測現金流

| 1 月 | 2 月 | 3 月 |
|---|---|---|
| 4 月 | 5 月 | 6 月 |
| 7 月 | 8 月 | 9 月 |
| 10 月 | 11 月 | 12 月 |


## 實際現金流

| 1 月 | 2 月 | 3 月 |
|---|---|---|
| 4 月 | 5 月 | 6 月 |
| 7 月 | 8 月 | 9 月 |
| 10 月 | 11 月 | 12 月 |

## * 10. 發展規劃

要對公司未來 3 至 5 年的發展規劃有清晰財務預測模型。

需要列出以下財務內容：損益表、資產負債表、現金流量表、資產構成、交易、融資計畫。

## * 11. 融資計畫

　　兩個重要內容，第一是本次融資金額是多少；第二，本次融資的用途，細化到具體專案。

融資可以讓你發現這個世界有這麼多標準，這麼多看待價值的層面，有機會這麼高密度地回答關於夢想和現實的詰問。

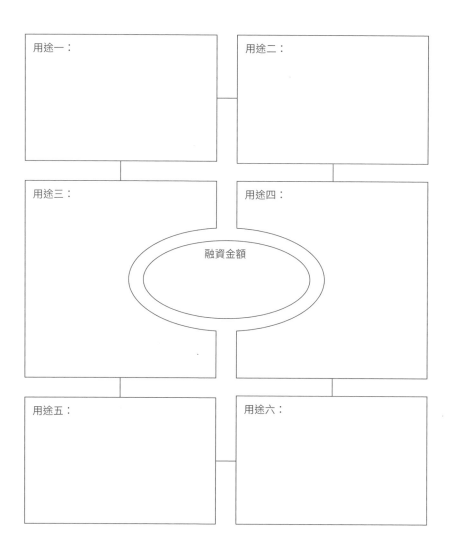

## *  填寫你的日常例行

　　創業是日復一日、積沙成塔的長期作戰，是日拱一卒不斷靠近終極願景的過程。需要長期堅持重複性的創業生活，至少三年為期。

優先順序

　　以周為單位，分析判斷本周事務的優先順序。對分散、減緩創業方向和速度的事情保持高度警覺。

　　創業者應該永遠是學生，虛懷若谷，正面擁抱新生事務，這是增加多層面、高品質擴展連接的關鍵。

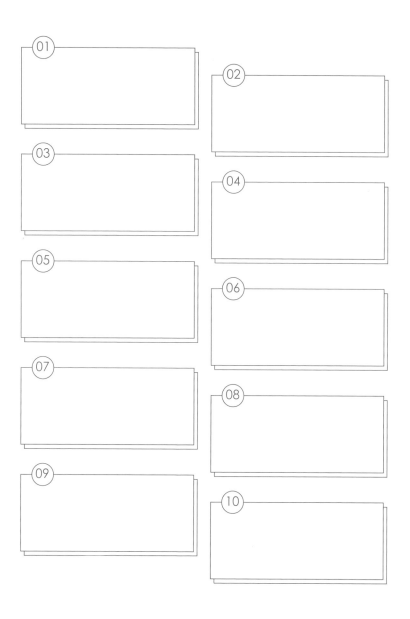

身體是你創業的第一工具,處於優先順序的前列。無論你的時間表怎樣安排,把鍛鍊時間填寫進去,並保證作息和飲食。

6:00
7:00
8:00
9:00
10:00
11:00
12:00
13:00
14:00
15:00
16:00
17:00
18:00
19:00
20:00
21:00
22:00
23:00
24:00
01:00
02:00
03:00
04:00
05:00

為了避免人生終極意義的孤獨，你最好為家庭留出時間。主動分享你是誰，你要去哪裡，你對不確定性的熱愛，你的家庭會面對和經歷什麼。

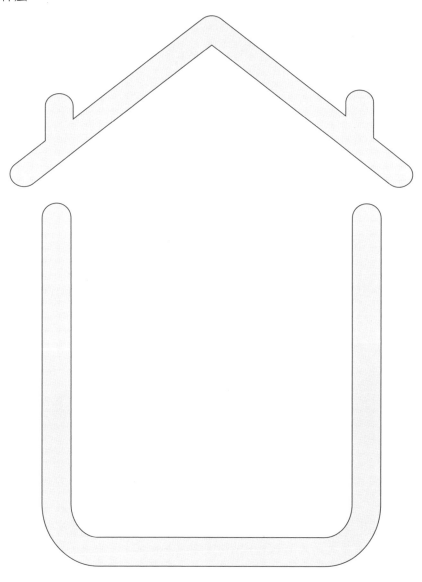

　　讓自己進入高度專注的心流，通常是處理創業孤獨的好辦法。如看電影、聽音樂、閱讀、寫作。每周都要為自己保留心流時間。

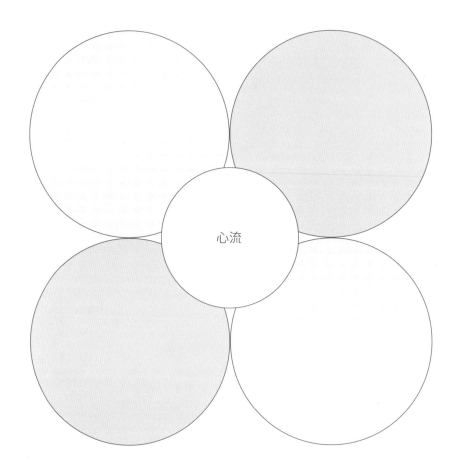

心流

　　一個企業的長處是基因層面的優勢，時刻保持優勢、擴大優勢。

短處 >

　　短處是阿基里斯腱，致命的弱點，競爭對手攻擊的要害。

_____

_____

今日待辦 >

　　你必須具備並展現出技巧、能力、號召力、方法，把執行層面的事
情做完。

○ _____　　○ _____　　○ _____

○ _____　　○ _____　　○ _____

日誌 >

　　每一個驚豔的創想通常都有一段發酵期，日誌區可以用來隨手記錄
任何想法。

## * 填寫商業畫布

　　創業的本質是不斷驗證商業假設，並獲得足夠多的假設成立。並且在關鍵點時間，回顧假設，比對結果，檢視機會與風險，並持續更新你的商業畫布。

---

### 客戶細分
你的目標用戶群，是一個或多個集合。

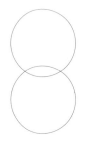 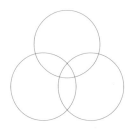 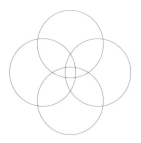

| 價值主張 | 管道通路 |
|---|---|
| 客戶需要的產品或服務，商業上的痛點。 | 你和客戶如何產生聯繫，不管是你找到他們，還是他們找到你。 |

## 客戶關係
客戶接觸到你的產品後，你們之間應建立怎樣的關係，一錘子買賣或長期合作。

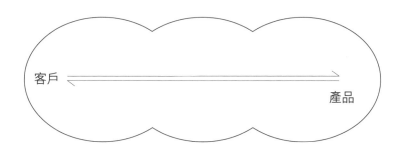

客戶 ⟷ 產品

## 收入來源
你將如何從你提供的價值中取得收益。

## 核心資源
為了提供並銷售這些價值，你必須擁有的資源。

## 失敗與偉大

我是一個創業者，也是一個寫作者。創業和寫作都與復盤有關。我出版過幾本書，這些書都是現實主義作品，既是寫故事，也是寫案例。寫作其實是創業的副產品，是復盤的過程，我用文字重現經歷過的情景，找到那些決定性的瞬間、戲劇性的轉折、決定人物命運的特質。尤其當這些人物是自己的時候，可以重新推演過去的人生。

在寫作當中，我會有恍然大悟的時刻。相較於企業中流行的冰冷復盤方式，我更傾向於自身累積的復盤經驗。所以有一些自己的方法和工具，希望能給你一些啟發。

### 想要的好玩人生

如果你是一個創業者，或者在企業中負責具體的專案，肯定對「復盤」不陌生。我們應該都聽過聯想集團董事長兼 CEO 楊元慶的復盤理論，其中有幾個科學的步驟，都是在企業的每個階段中經過驗證的。我也都研究過、嘗試過。

我的感覺是，如果你是一個企業的中階專案經理或者創業公司的CEO，用這種方法帶領團隊復盤是可行的。但是對於個人的成長，尤其是當你想要生活質感的時候，這種方法是比較難堅持和沿用的，因為不好玩、太枯燥。你會覺得，生活不應該也不必是這個樣子，與其過這樣「乾巴巴」的人生，不如不過。

生活的體驗和好玩，應該是第一位的，但是在現實生活中，這樣的機會不多。我在看故事和看電影的時候，會深深陷入蕩氣回腸的故事裡。結果呢，這種感覺最後總會結束，當電影黑幕出現後，猛然有一種回到現實的感覺。發現今天還有很多事要做：減肥、學英文、處理公司的庶務、考試⋯⋯

我們現在討論的復盤，也是這樣。在過去的一年裡，無論你經歷過什麼，有多糟的事情，都不要繞開。在講復盤之前，我也在網路上搜索了一下，看到了若干科學復盤的方法。不過這些方法實在是太沒勁了。

　　2017 年的年度網路關鍵字有「喪」和「佛系」。這是媒體人創造出來的流行詞彙、標籤。在潛意識下的從眾心理，讓大家急忙也往自己身上貼標籤。可是，就算有時代特徵，也是多數人的特徵，不一定和你有關係。最可怕的就是想要要不到，就假裝不想要了，就是佛系了。

　　你是年輕人，年輕的激素水準無法佛系，因為這正是生命力最旺盛、最有鬥志的時候，身體條件根本不給你佛系的源頭。等到老年，各種激素水準低下的時候，你還有幾十年可以體會佛系。少年就得野蠻成長，鮮衣怒馬才好玩。

　　可是現實生活就是這樣，在大部分時間裡，我們都要完成別人給我們的 KPI，也要給自己訂 KPI。完成別人規定的 KPI 已經夠煩了，還要這麼科學嚴謹地完成自己的 KPI，我也受不了。

　　面對這些 KPI，你會發現，人被分為兩種。第一種人，是已經進入追求─得到這種良性循環的人。在自己的生活中，對追求─得到的比例關係有了一定的掌握。他們已經習慣把生活分成一個階段、一個階段去抵達。追求和得到是最讓人著迷的感覺。腎上腺素分泌，生理機能被喚醒，心跳加速，血壓升高，這些幫助了人類的成長和進化。看似追求是為了結果，其實追求也是為了追求本身。

　　第二種人數可能會多一些，他們經常追求，很少得到，久而久之，忘了上癮的感覺，就會灰心。我覺得這兩種人有一個比較明顯的差異，就是復盤的動作。

　　以下要展開討論的是我主觀的經驗，是我對復盤的認知和復盤工具。這個方法對後一種人來說，有用也好玩，一旦用起來便停不下來，最終進入良性循環。

人生要體驗，體驗要淋漓，所以人生最好像一部電影。這部電影有主角，主角要有開場人設、要有故事。在每一場、每一幕中，有情節和劇本設計，有對白，有行動。

## 三個認知練習

如果你期待自己的人生如同一部好電影，和我一樣想要一個好故事，我們就要完成三個認知練習，這樣就可以很自然地按照背後的復盤方法論來操作。

**第一個認知練習是：你要是一部好電影。**

你每天的生活，就是電影。這不是比喻。如果有一台攝影機幫你剪輯出關鍵場次，配上一些獨白和背景音樂，這就是電影。你需要練習跳出電影，置身事外。練習用一個旁觀或俯瞰的視角注視它，想像你坐在電影院觀看自己的一切。要抽離、客觀，甚至刻薄，要能描述這個主角的人設。

例如我自己的電影。如果是創業主題，開篇可以這樣描述：

> 無論作為一個創業者還是「網紅」，這個女人都有些太老了。

這是一個特別好的開篇畫外音。當然，在劇本的人物設定裡，除了年齡，還有其他確切的因素。這個認知練習是復盤的重要能力。只有跳出來看，才能給出初始定位。

**第二個認知練習是：在好電影裡，主角是有目標的。**

要明確的是，我們的電影是劇情片。主角要完成任務、解決問題、遇到衝突、衝向一個目標而去。主角的開篇有計畫，中間有行動。就算你再愛看歐洲文藝片，在人生這個電影裡，你還是想要一個「好萊塢式」

的大圓滿結局。一個電影的推進，是按照主角的行為展開的。沒有行為，你的電影什麼都不是。

因此，你必須追問自己：

- 主角是誰？
- 主角要去哪裡？
- 主角要怎麼去？
- 主角要用多快的速度到達？

**第三個認知練習是：編劇有兩個人，分別是命運和你，你得追劇。**

這部電影裡其實有兩個編劇，你和命運。我也不知道命運是什麼、命運寫了什麼，但我知道的是，我們倆一起寫作。它經常出其不意，尤其是在特別糟糕的時候，我作為主角往往覺得很慘、很煩。

但有時候，我對這個編劇夥伴是佩服的，會說「這也行？」，電視劇都不敢這麼寫，生活的荒誕程度超過八點檔。我能改變我參與的那部分，然後我作為演員，又參與其中。當你這麼想的時候，其實就成了一件特別有意思的事情。

以上的三個認知，說到了復盤在這一系列動作裡的真諦：**計畫─行動─復盤**。

- 計畫就是初始劇本。
- 行動，就是劇本的執行，你得演戲，一場又一場、一幕又一幕，把事做了、把人見了。
- 復盤是為了改劇本，是為了推進劇情。

在生活中，我自己的復盤，就是用以上這種人生觀帶來的方法論來

進行的。一邊寫劇本、一邊演戲、一邊看戲，我覺得特別好玩。如果你像我一樣，討厭聯想式復盤「四步法」的科學嚴謹，可以用這種「戲精本人法」或者「內心戲表演藝術家法」。

當你在填寫計畫、執行行動、觀看結果的時候，就會興致勃勃的，而且也很想往下追自己的劇，看自己的命運搭檔會怎麼書寫。整理一下，這個復盤的方法論是上一場戲的總結。即總結出各種走向和因素，編入下一場，改變主角的行進方向和行動。

**所以復盤是什麼？**復盤是矯正行動和計畫之間的關係，是行動後的深刻反思。它的邏輯應該是：**計畫─行動─復盤，再計畫─再行動─再復盤**。

所以，在繼續討論之前，我們要達成的共識是：復盤是前一個目的明確的項目完成後的動作，也是為了將復盤後的結論轉化成下一次的行動。如果不轉化，現在所謂的復盤就是浪費時間。此時此刻，你看我寫這些也是浪費時間。

再換一個角度說明什麼是復盤。這兩個字源於下棋，尤其是圍棋。圍棋中有很多術語，後來都被運用到軍事領域，又被運用到現代商業領域，如「對弈」。

關於復盤，首先要有意識。有的人生來就著迷於凝神、沉思、謀算、舉棋、落棋，以對弈為樂。每一手和每一局，雖然有輸有贏，他們都興致盎然地常下常新。對這樣的人來說，他們也以復盤為樂，復盤就是人生的一部分。

可惜大多數人都不是好棋手，通常避免頻繁對弈，更不喜歡棋逢對手。費腦子本來就是煎熬，一旦輸了簡直是雙重痛苦。棋局從來都是軍事的模擬，也是商業最好的比喻，三者都是極其重視復盤的。

復盤的前提是，你要認知此前的種種、一年中的來來往往，不是輕鬆的簡單生活，而是動作片、戰爭片、商戰片，充斥著敵進我退。這是

局對弈、是個比賽、是場戰爭，否則不必用也不配用復盤這個術語，波瀾不驚的那些平常生活，頂多用盤點和總結就夠了。復盤不是盤點流水帳。如果是這樣，你的電影就是一盤散沙。

復盤是在打完一場仗之後展開的，為的是打贏下一場，不是為了提前上陣。若是為了後者，大可不必動輒提到復盤。人生就是一盤又一盤的棋，每一手怎麼下，每一局和誰下，都要思考。

### 復盤清單

我認為，若不能在價值觀上達成共識，分享工具也是無用的。找到自己的工具非常重要，因為尋找和使用工具的過程，就是建立自我系統的過程。要幫助自己總結規律，化繁為簡，發現既有思路的盲點和迷思，發現新的辦法和突破。

在沒勁的公司管理復盤中，會有概念界定、問題提出、原因分析、方案制訂、計畫實施和結果評估等。我使用的是個人簡化版本，以下是具體操作。

首先，我的復盤一定是每一次只針對一個里程碑目標。復盤的本質是重複交戰和比賽。這關乎你本來想和誰交手，你實力如何，他實力如何，你曾如何出招，他曾如何拆招，你在過程裡用了何種戰術、是否奏效，這一系列交手最後導致誰贏、為什麼贏，誰輸、為什麼輸等問題。

復盤需要選擇你生活和事業中最核心的項目進行專項操作，是一件非常明確的事。在一個時間層面和一個戰略目標內，你需要備戰過、行軍過、交手過，最後見了輸贏。而且，你最好有具體的對手。

再次重申，復盤不是盤點，不是你根據一個糟糕的電影劇本亂演一氣，然後去數貓在電影中出現了幾次，而是一定要有分析，有一個具體的項目，有一場特定的戲。

**第一步，回顧目標：** 現在請你找到一個里程碑，拿出紙筆，寫下它

的名字。你到底要給什麼事情復盤？

　　記住，這件事要非常具體，而且，必須是你曾經計畫過的，包括起點狀態、目標、行為、周期。請確保這些因素在計畫設立初期都存在過，如果不存在，就需要重新制訂計畫，重寫劇本。

　　**第二步，評估結果**：你的目標一定有一個或更多可以量化的數字指標，只有如此，才可以檢視目標達成情況和行為實施情況。

　　請你寫下實際終點狀態、目標達成情況和行為實施情況，並和原始指標做對比，明晰計畫和現實兩者之間的差距。

　　**第三步，分析原因**：這是最重要的一環。為什麼目標沒有達成？你需要在每個差距下面，做「魚骨式」追問。魚骨圖是用於工商管理的重要工具，目的在尋找和洞察事情發生的本質原因。

　　具體步驟如下。


　　1. 羅列所有原因。

　　2. 分類。一般原因可分為材料、人員、環境、方法、設備等。

　　3. 在每一個分類下繼續追問，直到無法追問為止。

　　4. 評估。將所有原因分為三類：

　　• C（Controllable）：知道解決方案在可控制範圍內。

　　• X（Experimental）：不知道解決方案，需要進一步探索、諮詢。

　　• N（Noise）：命運操控的部分，超出可控制的範圍。


　　**第四步，總結經驗**：對於每一層問題的追問，你必須填寫解決方案。如果在這一層不能給出答案，再填一層追問，直到全部能回答。請你將所有解決方案都重點標記、合併同類，形成一份行動清單，納入下一次的執行當中。

對於「我怎麼去」的答案，必須是經過比對、追問和給出解決方案的新行為。任何不以改變行為為目的的復盤都是「耍流氓」。新行為必須被執行，否則一切的復盤都是徒勞無功。

整個復盤的方法論，就是「計畫→行為→結果→比對→追問→解決方案→再計畫」的無限循環。你一直往下追問就會發現，復盤是個自我梳理的好機會，越復盤，越能找到答案。我推薦的復盤層次是：**靈魂、肉體、金錢**，然後一個一個拆開復盤，一項一項進行改良。

我最怕所有的問題最後就歸於一個字——懶。就是連「戲精」和內心戲表演藝術家都懶得當，對自己的電影是否好玩、是否精彩都不感興趣。

如果說聯想式復盤是企業的一種管理方式，那麼其管理的是商業結果。我這種復盤可以叫個人電影製片人管理，管理的是個人的人生品質和體驗。說白了就是看重播、改劇本、調整人設。對於命運編劇給出的那個新劇情，你這個編劇給出的新行為，作為演員親自上陣表演。

復盤的核心功能是為自己建立一個系統。讓自己做事依靠系統，而不是單純依靠感覺。系統能幫助你分散精力和關注點，能區別現象和本質。

關於復盤，還有一個關鍵環節。如果你在魚骨式追問中發現某個問題重複出現，就要幫自己建立問題日誌。就像我們在念書時，哪裡錯得多，哪裡就多驗算。錯誤日誌對照得多了，就會形成行為的條件反射，這種條件反射就是一種行為的內化，你會慢慢進入高手的境界。保持好奇心，保持將事情弄明白的興趣。每日，每月，每年，以求寸進。

## 互動引導和填寫 ⑩：生活劇本

　　下一次可以試試，看完電影後不要急著離場，去觀察一下滾動而上的創作團隊的字幕。一部電影的創作，其團隊是怎樣構成的，都有哪些部門，經過了哪些流程。

　　下一步，請想像這部電影的創作團隊都是你，也只有你。那麼這部電影你要如何去創作？帶著這樣的思想實驗，我們來完成以下的內容填寫。

## * 你想拍一部什麼樣的電影？

可以先發想思維，然後再一點點收斂。

_____

_____

_____

_____

_____

_____

_____

_____

# * 電影如何開場？

靈感會來自於你甚至沒有察覺的地方。

## * 電影的主軸是什麼？

你必須非常清楚自己正在講什麼樣的故事，你控制著一切，從講述的故事到怎樣發展的方式。

## * 這部電影的主角就是你，我們再次回顧一下這四個問題：

對主角的描述越具體，其形象就會越發明確。

---

主角是誰？

---

主角要去哪兒？

---

主角要怎麼去？

---

主角要用多快的速度到達？

# *在這部電影中，命運已經寫好的情節設定是什麼？

屬於命運自帶的基本要素，並加諸在主角身上的設定。主角多大？做什麼的？住在哪裡？
童年是怎樣度過的？家庭狀況如何？

## *在這部電影中，你作為編劇之一，希望創造哪些故事情節？

你會發現，令人信服的故事情節，需要以命運自帶的基本要素為延展的起點。

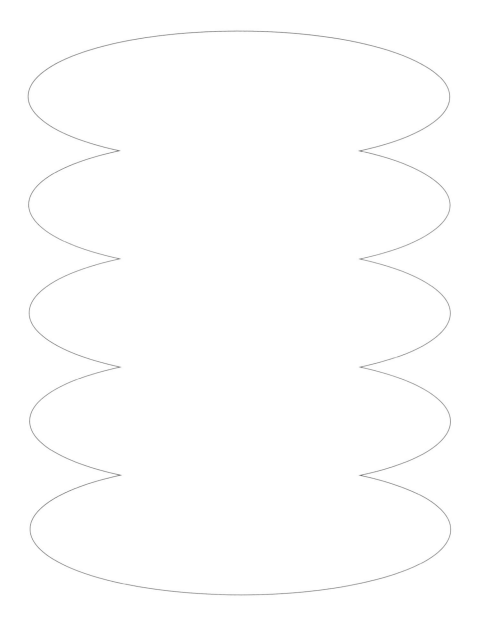

## * 復盤清單

現在你是編劇，透過對過去你的分析，改寫未來你的行為。

1. 請寫下復盤的里程碑
   復盤一定是每一次只針對一個里程碑目標。

2. 請寫下這個里程碑目標的量化指標

3. 請寫下這個里程碑目標的實際終點狀態，並和初始指標做對比

4. 請寫下初始目標和終點目標的差距，並分析原因
   做魚骨式追問，尋找和洞察本質原因。

5. 將所有解決方案都重點標記、合併同類，形成一份行動清單
   新行為必須被執行，否則以上復盤都是徒勞無功。

里程碑

量化指標                    實際終點狀態

魚骨式追問：

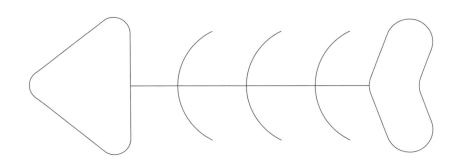

行動清單：

○ _____

○ _____

○ _____

○ _____

○ _____

○ _____

○ _____

○ _____

○ _____

## 絕殺職場的祕密

自從創業開始，公司每周一上午的例會是雷打不動的。在很長一段時間裡，我都是會議的負責人。負責人要掌控時間、決定會議的節奏、擬定會議事項、期待得到哪些結果、團隊內分工配置人手，誰具體負責什麼。

每逢開會，我就會進入記錄檢查模式。如果看到與會的成員在會議開始之後，沒有使用任何記錄工具，一定會停下來詢問：您需要把我們說的都記下來嗎？看到或敲打或書寫的一行行白紙黑字，方才覺得說過的有了著落。

日常我最喜歡開兩種會，其一是啟動嶄新專案，如這本書的再版。我們首先討論出專案的截止時間，然後倒推拆解，拉出一個時間軸，標出各個階段性的驗收關鍵點。其二是創意發想，在這類會議上，我和團隊的大腦是同一個腦，帶著不同的才能、知識和視角，持續討論、爭辯，主意越聊越嗨，越聊越有，神經元閃爍放電之間，一個個創意的雛形出現。

這兩種會議每每都是意猶未盡。有一個共同點是，能觸發對未來無所限制的想像。我們在會議上做出假設，下一步，團隊彼此支援合作，朝著一個共同的目標前進，去執行交付期待的一個結果。

非常重要的是，任何一場沒有收攏總結的會議都是無效的。收攏的結果應該是一份清晰的行動清單，上面羅列看到就能立刻行動的動賓短語，以及最晚截止日期。對很多人來說，一項任務的截止日期就是很重要的推動力：我得把這件事辦成了。

# 互動引導和填寫 ⑪：會議記錄

可以觀察一個公司日常開會的風格，來判斷它是否為高成長公司。高效會議的特點是，議程明確，對結論達成共識，會後能夠乾淨俐落、不帶疑問地迅速開展細節層面的執行。

## * 會議前

確認會議主題，自己需要闡述的觀點，以及所需的物料，對自己負責的事項心裡有數。

會議主題：

_____

_____

我的觀點：

_____

_____

所需物料：

◯ _____ ◯ _____

◯ _____ ◯ _____

◯ _____ ◯ _____

◯ _____ ◯ _____

## * 會議中

認真聽取每個人對自己觀點的回饋，以及其他人的觀點，彼此交鋒挑戰。

_____

_____

_____

_____

_____


## * 會議後

對達成的階段性結論總結出下一步的行動清單。

○ _____

○ _____

○ _____

○ _____

○ _____

○ _____

○ _____

# 通往每一個願望

成功不是回首、不是寄望,是把握現在,每個人都有一雙翅膀,我們沒有理由拒絕飛翔。請仔細審視自己現在的生活,並用雙手創造一個讓自我更加平靜和滿足的環境,透過擴展內心的夢想,完成我們想要的未來生活。

## 戀愛的我

相愛只是一切問題的開始。像我這樣的偏執狂,早在少女時代就開列過理想男友的七個標準了,至今仍倒背如流:愛乾淨、身材好、有趣、有膽量、剛柔並濟、嗓音動聽。這些特質是我根據各種小說和影視作品,外加自己的幻想歸納出來的,堪稱準確凝練。

當然,與此相對應,我為自己的各方面也設立了目標,最開始主要是外表,其次是功課,那時候並不清楚才華和內涵對人的重要程度,但懂得「優秀」兩個字。為了變優秀,我做了大量努力,爭了許多輸贏。從父母那得來的慣性讓我認為,優秀者得到一切,只要我優秀,別人就會喜歡我。

和學習一樣,我還認為凡事都有規律、章法和清單,有這些之後就能操作。我覺得隨著我長大成人,只要學會許多東西,我喜歡的人將跟著未來一起到來,他具備清單上的特質,我們手牽手,我喜歡他,他也喜歡我。

後來,拿著這張清單,從十七歲開始到二十八歲,我每隔三年都會

結束一次戀愛。我總是先從人群中發現那個愛乾淨、身材勻稱、聲音好聽的人，然後我們會吃很多頓飯、見很多次面，直到我在他身上找不到真正的有趣、膽量或者剛柔並濟，卻發現其他特徵。

到第三年，這些特徵變得讓我難以忍受。他覺得我自詡的優秀不過如此，我也不再留戀他愛乾淨、身材勻稱、聲音好聽。

在愛情裡，事先準備好的清單是沒有用的。相愛只是一切問題的開始，沒有一個戀愛會像我設定的那樣發生，我們也都不會 100% 喜歡對方的每一個特性。如果你以嚴苛的方式來定義戀愛，戀愛就會以最渺茫的機率來回應你。

我沒有氣餒，在二十五歲到二十八歲的那段戀愛中，為了發掘他的有趣、膽量和剛柔並濟，我又研製出另外一種清單，其內容類似於情侶每年要一起體驗的一百件事，把我和對方捆成連體嬰。我在清單裡面寫下：每年要看的十部電影、計畫的兩次旅行、愛吃的五十家餐廳、一起的五次冒險……在計畫進行到一半的時候，我的男朋友崩潰了，在離開我的時候，他說：「誰的人生誰來計畫，計畫只用來要求自己行不行？」

二十八歲時，我又開始戀愛了，我決定不再浪費時間。被動等待總是讓人感覺太久，等到讓生活試煉出結果，為時已晚。為了用最快的速度認識彼此，我列舉了新的問題清單，囊括一個人的一切，關於彼此的愛恨、「三觀」、理想、焦慮、祕密和習慣。

我們真誠坦率地彼此發問，同時也真誠坦率地展示自己的答案。這些問題是探索的起點，讓我們在漫長未來開始時，站在彼此面前。這些問題讓我們明晰、清醒，於是從我二十八歲開始的戀愛，一直延續到今天。

這些年中，我突然明白一個祕訣，可以讓人在戀愛中獲得自我。每次當你喜歡上一個人的時候，要問自己，究竟喜歡他什麼？你要列舉出喜歡他哪些特質，然後告訴自己：這些就是你真正想要的東西。此刻在

他身上擁有，而未來也要讓自己擁有。

　　那七個特質，是當年的我希望自己擁有的，我想成為一個愛乾淨、身材好、有趣、有膽量、剛柔並濟、嗓音動聽的人，今天也是一樣。

　　至於情侶每年要一起體驗一百件事的計畫，也不需要丟棄，這是一個很棒的計畫，如果你真心想做，並不需要拉上別人才能完成。你要反問自己：「誰的人生誰來計畫，計畫只用來要求自己行不行？」你的計畫，請自己執行。

　　當然，你也可以把這一百件事展示給男朋友，然後等他委屈地說：「怎麼裡面一個都沒有提到我？」然後你手一揮，隨意點到裡面的某件事說：「那就這件吧，我邀請你一起執行。」

## 互動引導和填寫 ⑫：戀愛手冊

　　有多少了解才能讓人們相愛？延展情侶每年要一起體驗一百件事的思路，我們在戀愛手冊中，提出了二百九十七個問題，二百九十七次了解。

　　這些問題被分為十個章節。包括熱身、自我暴露、我的三觀、我的最愛、原生家庭、遇見你之前、我所知道的你、關於我們、性、從此以後。涵蓋了一段親密關係的重要階段。

　　以下問題清單節選自戀愛手冊。

**＊熱身**　　　　　　　　　　確認要開始拉進彼此的關係了。

對方的生日？

對方的星座？

你們準備好接受接下來的問題要為你們揭開真相了嗎？

♡ 是的　　　　　♡ 還沒有

## * 自我暴露

把自己攤開，讓你看到我的來處。

你的第一份薪水用來做了什麼？

誰或者什麼在你的生命中產生過重大的影響？

你覺得一名男性／女性，
最吸引人的一種特質應該是？

你覺得待在哪裡最舒服？

限制你行為和想法的最大因素是？

你小時候希望長大後成為怎樣的人？

我們終將失去生命，
你更傾向於用何種方式離開這個世界？

關於自己，有沒有哪件事一直困擾你，
但你已經學會了面對？

神燈許你一個願望，可以擁有一項超能力，
你希望是？

你經歷過最愚蠢的爭論是？

## *我的最愛

它們帶來確切的快樂。

你最喜歡被人叫哪個名字？

你最喜歡花費時間的方式是？

你最愛的度假地？

你最不喜歡的國家？

當你心存內疚的時候，你會做什麼事情來擺脫？

在家裡你和誰的關係更
親近？

你和父母聊天的頻率
如何？

你父母的婚姻對你產生了非正常影響嗎？

當和父母在生活瑣事中發生爭執時，你一般如何處理？

回想一下與父母朝夕相處的日子，你覺得從母親／父親身上繼承
了哪些性格因素、習慣或特質？

你是否同意，在一段關係中，存在不同的階段，有時候愛更多，有時候愛少一些？

　　　　　　　　　♡ 是的　　　♡ 不是的

你與前任相處中犯過的哪個「錯誤」，你覺得自己不會再犯了？

你是否還和任何一個 ex 保持聯繫？

　　　　　　　　　♡ 是的　　　♡ 不，沒有了

當對方談論 ex 的時候，你的感受是？

你在之前任何一段關係中，有過欺騙或者不忠嗎？

 　　　　　♡ 是的，有過　　　♡ 不，從沒有過

你覺得對方除外貌之外，
哪一點最吸引你？

你覺得對方的哪個身體特徵最有魅力？

你是否贊同對方的職業選擇？

你認為你的另一半最大的成就是什麼？

你一天之中有多少時間是在想念這個人？

## * 關於我們

了解始於無話不談。

當你們第一次遇到，你在對方身上最先注意到的一點是？

你的另一半在什麼情況下才會說「我愛你」？

在推進當下的戀愛關係時，你所做過最主動的一件事是：

你最愉快的一次約會經歷：

關於談戀愛，你喜歡的三件事：

在兩性關係中，你更傾向於？

你更喜歡睡在床的哪一側？

回憶一下，你第一次看限制級影片是在什麼情況下？

用一句話形容對方的性吸引力？

如果你的另一半「性」趣缺缺，你會怎麼想？

你對未來你們倆人的相處最有信心的一點是？

你對對方的未來最有信心的一點是？

另一半的哪一點讓你從不能接受到可以接受？

你希望另一半在 5 年內，專業／事業上達成什麼成就？

十年之後，你如何看待另一半？請以一句話形容。

## 婚禮上的大導演

　　如果你愛上一個人，準備和他共度此生，那麼無論你是否擅長規劃、計算和運籌，這件事都應該做——從頭到尾企劃、推進和掌控自己的婚禮。

　　在我經營活動企劃公司的時候，婚禮從來都是最難完成的項目，包括我自己的在內。按理說，婚禮只是活動企劃和執行的一種，但其特殊性在於，許多新娘因為婚禮的複雜程度放棄了參與策劃，卻又對婚禮充滿期望。這也難怪，因為這個儀式簡直是人生的終極期望時刻啊。

　　所有的商業活動按照構思流程進行，不出差錯就算成功，唯獨婚禮例外。在商業活動中，現場來賓是主角，無論來賓是媒體還是客戶，只要他們有不同程度的驚喜和盡興，目的就達成了；而婚禮上只有一個終極客戶和體驗者，這個人叫作新娘。新娘對婚禮的定義通常是「完美的」，但絕大多數婚禮結束之後，新娘的體驗都是「這不是我想要的」。

　　那麼問題出在哪兒？首先，我們在少女時代對婚禮中新娘的想像多數都錯了。婚禮的形式總是太唯美，每一個人都像是在演出言情電影的大結局，前景是鮮花蕾絲，中景是歡笑的人群，近景中有交換戒指的雙手，特寫裡淚盈於睫。於是我們深深相信，我們將是那影片中唯一的新娘、風華絕代的女主角。

　　經由司儀引導，女主角需按事先寫好的劇本演出全套劇情，對白真情流露，對手戲順暢自然，通常將捧花向後優美拋出便算大功告成，後面再點綴些許配角或群眾演員的合影花絮。是的，婚禮是一個重要的儀式，對於我們有記載的意義，像是一部人生大電影，是少女幻想中的大結局。

　　那麼，我們的想像錯在哪裡呢？在我企劃執行過自己的婚禮、承辦過若干個婚禮、參加過數十次婚禮之後，我終於明白，我們是女主角沒

錯，然而早在女主角出場之前，美麗的草地，餐桌上的器皿與鮮花，以及當天出現的一切，並非天然存在，都要落回現實，鉅細靡遺地計入成本、物流與周期，悉心計算、挑選和打理。婚禮的籌備過程就好像譜寫一場盛大的交響樂，每一個準備階段都好像其中的每篇樂章，都是為了在婚禮當天，奏響人生中最動人的那一段進行曲。

想要籌備好這樣一場盛大儀式，在新娘戴上白紗之前，你先要面對的將是百次以上的選擇：時間、地點、來賓、主題、風格、流程、節奏、音樂……千頭萬緒，林林總總，敲定一個還有另一個。

這時候你也許會想要逃脫，覺得有人幫忙完成也不錯，自己只要當天出現就好。

但婚禮這件事在我們的人生中實在太稀少了，畢竟不是過生日，如果你只想等待別人給你驚喜，一旦驚喜落空，你便沒有機會；當你說出「這不是我想要的」，回憶裡只能剩下失望了。

作為新娘，你將在眾人面前展示你選擇的一切——你的判斷，你的品質，你的方向，甚至你的親友與陣營。婚禮無論有多浪漫，都開啟了現實生活的大門，在真正的歲月到來之前，婚禮負責帶領眾人來檢驗你。

婚禮是一場只演奏一次的音樂會。在這樣一場音樂會開演之前，沒有當天的盛況與眾星捧月，有的只是你自己。你就是整個婚禮交響樂的統籌，在那天來臨前和來臨時，負責導演一切。如果從這時起，人生需要你做一個大導演，你就應當鼓起勇氣去承擔，因為婚禮就是對未來歲月的預習。

當我和我的團隊，已不再從事活動企劃與執行這個行業，我們依然鉅細靡遺地按時間線邏輯，整理了當年所有婚禮相關的細節，其中包括初步預算、擬定來賓名單、抉擇婚禮酒店和婚顧公司、挑選婚紗和禮服、拍婚紗照、購買婚戒及信物、塑身、計畫蜜月等，無論你是否擅長規劃、

計算和運籌，都可以遵循裡面的指引，對每一個步驟做出選擇，這些選擇是一切決定的開始。

　　當一個婚禮的大導演吧。規劃婚禮流程，就像梳理自己的成長經歷；合理計算成本，就像未來每天會做的那樣；選擇在你視野裡出現的每樣物品，確保它們在未來的回憶裡閃光。

## 互動引導和填寫 ⑬：婚禮策劃

　　無論你是否擅長規劃、計算和運籌，當你確切填寫完以下內容，你都擁有了從頭到尾企劃、推進和掌控自己婚禮的能力。你得在乎這場儀式，在乎這些動人的瞬間。

　　這場儀式帶領我們，穿過重要的生命關鍵點，象徵著舊身分的離開，和新身分的獲得。不然太多的事情，發生時毫無預兆，結束時無跡可循。這些儀式，就是這一刻與下一幕的分水嶺。

\* 模組一

1. 確訂婚禮舉辦城市、場地

| 城市 | 場地 |
|---|---|
| ◯ | ◯ |
| ◯ | ◯ |
| ◯ | ◯ |

2. 確定婚期（良辰吉日）

3. 確定伴郎、伴娘的人選

4. 做預算

| 項目 | 預計支出 | 實際支出 |
| --- | --- | --- |
|  |  |  |
|  |  |  |
|  |  |  |
|  |  |  |

| 項目 | 預計支出 | 實際支出 |
|---|---|---|
|  |  |  |
|  |  |  |
|  |  |  |
|  |  |  |
|  |  |  |
|  |  |  |
|  |  |  |
|  |  |  |
|  |  |  |
|  |  |  |
|  |  |  |
|  |  |  |
|  |  |  |
|  |  |  |

# * 模組二

1. 選擇婚紗／禮服，拍攝婚紗照

拍攝風格

拍攝地點

拍攝前準備

- ◯
- ◯
- ◯
- ◯
- ◯
- ◯
- ◯

## 2. 準備婚禮用品並採購

| 物品 | 採購完成 | 備註 |
|---|:---:|---|
| | ◯ | |
| | ◯ | |
| | ◯ | |
| | ◯ | |
| | ◯ | |
| | ◯ | |
| | ◯ | |
| | ◯ | |
| | ◯ | |
| | ◯ | |
| | ◯ | |
| | ◯ | |
| | ◯ | |
| | ◯ | |
| | ◯ | |
| | | |
| | | |

3. 擬定來賓名單並安排現場座位

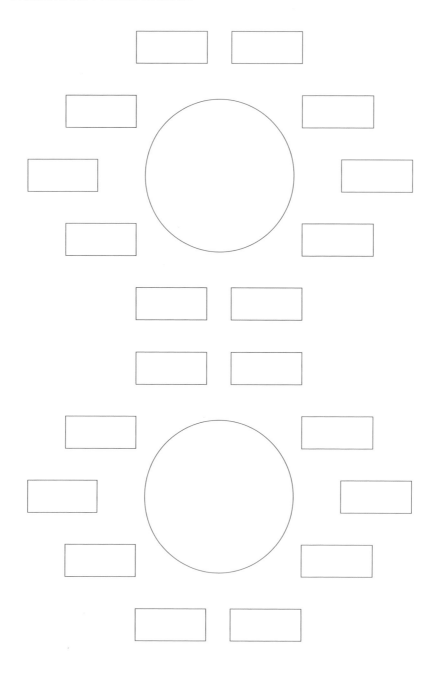

## 4. 準備喜帖並發出通知

| 喜帖內容 | 邀請名單 |
|---|---|
|  |  |
|  |  |
|  |  |
|  |  |
|  |  |
|  |  |
|  |  |
|  |  |
|  |  |
|  |  |
|  |  |
|  |  |
|  |  |
|  |  |

# * 模組三

1. 塑身計畫

## 2. 蜜月計畫

| 出發地 | 目的地 | 出發時間 |
|--------|--------|----------|
| 行程安排 | | 返程時間 |

## 3. 準備誓詞

_____

_____

_____

_____

_____

_____

_____

_____

_____

_____

_____

# * 模組四

1. 現場流程表

| 時間 | 環節 | 負責人 | 備註 |
|------|------|--------|------|
|      |      |        |      |
|      |      |        |      |
|      |      |        |      |
|      |      |        |      |
|      |      |        |      |
|      |      |        |      |
|      |      |        |      |
|      |      |        |      |
|      |      |        |      |
|      |      |        |      |
|      |      |        |      |
|      |      |        |      |
|      |      |        |      |
|      |      |        |      |
|      |      |        |      |
|      |      |        |      |

2. 現場分工表

| 崗位 | 姓名 | 聯繫方式 | 職責 |
|---|---|---|---|
|  |  |  |  |
|  |  |  |  |
|  |  |  |  |
|  |  |  |  |
|  |  |  |  |
|  |  |  |  |
|  |  |  |  |
|  |  |  |  |
|  |  |  |  |
|  |  |  |  |
|  |  |  |  |
|  |  |  |  |
|  |  |  |  |
|  |  |  |  |
|  |  |  |  |
|  |  |  |  |
|  |  |  |  |

## 3. 現場物料清單

| 物品 | 完成 | 備註 |
|------|------|------|
| | ○ | |
| | ○ | |
| | ○ | |
| | ○ | |
| | ○ | |
| | ○ | |
| | ○ | |
| | ○ | |
| | ○ | |
| | ○ | |
| | ○ | |
| | ○ | |
| | ○ | |
| | ○ | |
| | ○ | |
| | ○ | |
| | ○ | |
| | ○ | |

4. 禮簿

| 姓名 | 禮金 | 姓名 | 禮金 |
|---|---|---|---|
| | | | |
| | | | |
| | | | |
| | | | |
| | | | |
| | | | |
| | | | |
| | | | |
| | | | |
| | | | |
| | | | |
| | | | |
| | | | |
| | | | |
| | | | |
| | | | |

## 5. 相片位

## 共同成長

我是一個寫作者、一個創業者，也是一個媽媽，有一個女兒。可以說，在女兒誕生之前，孕育她的時候起，我就發現一切事情的難度，全都突然間加大了。

之前單身時期或者是兩個人家庭中，已經形成固定模式，或者說良好模式的辦法、生活習慣、分工，全都不管用了。你會發現，針對有孩子這件事，夫妻間原來有這麼多事情竟然是沒討論過的，竟然有這麼多方方面面需要去選擇和做決定，你還會發現，所謂家庭，真的像之前的老生常談那樣，根本不是兩個人的事情，而是兩家人。

這還不算什麼，孩子出生了，在你的家中，很可能月嫂或者保姆也出現了，本來就不是很外向的人，又要被迫和這些陌生人日夜相處，然而過程裡，你、你的老公、雙方的父母，你的月嫂和保姆，分別秉持著不同的育兒意見。

已經很頭大的你再一照鏡子，發現之前的腰身、肚皮和胸部的形狀和顏色、皮膚的質感、黑眼圈和眼袋、髮量，全都在一夜之間發生了可怕的變化，基本上，如果這時候，你的老公不經意評價了一點兒你的外表，便會是育兒後引發第一波崩潰的最後一根稻草！

如果你是職業婦女，滑手機看新聞刷朋友圈，就會發現在閉門生孩子坐月子期間，世界依然滾滾向前，你的同事同學還有對手，那些你喜歡或者不喜歡，喜歡你或者不喜歡你的人，都還在鬥志昂揚殺氣騰騰地努力著！

當你在夜以繼日地餵奶哄孩子，睡眼惺忪的片段，發現鏡子裡的胸部和肚子還是那樣，老公翻了個身呼呼又睡了，想起白天保姆和長輩關於哺育孩子的爭執還沒有解決，你真的開始會在午夜夢迴懷疑人生。你會想起每一個生育後的媽媽都會問自己的問題：我圖什麼？這個日子什

麼時候會結束？到底那些遊刃有餘、樣樣都行的媽媽，是真的假的？她們是怎麼做到的？

今日好媽媽的定義，和過往的時代有顯著的差別，好媽媽絕不是對自我的放棄和無條件的奉獻。她首先應該是個精力充沛的媽媽，知道如何去自我引導和調節；還應該是個為信念和知識做好基本準備的媽媽，然後掌握方法和孩子一起學習成長；更應該是個有能力協調家庭和外部資源，並有效主導的媽媽。

這個時代的媽媽和以往任何時代相比，都更注重自己的成長，也更愛自己，因此，每個媽媽都同時有兩個渴望和兩個恐懼──渴望自己的繼續美好，也渴望孩子的健康成長；恐懼自己成長的停滯，也恐懼自己不能成為孩子的好媽媽。

我希望自己可以在生育之後，不放棄成為一個越來越有能力、越來越智慧，也越來越美麗的人。我希望自己能夠成為孩子的榜樣，有能力保護她，有辦法引導她獲得積極豐富的人生。

作為媽媽，對自己的成長和期待才剛剛開始，從現在起，要鼓勵和培養我們的孩子和我們自己。而我們自己這部分做得越好，孩子那部分就越自然輕鬆，家庭也就越協調。

這種成長一定需要時間，而這個時間可以和孩子的成長同步進行。在進行中，你一定會驚喜地發現，生育孩子和媽媽的自我不是矛盾的。你會因為孩子而練成很多新本領，主動思考很多從來沒想過的人生重大問題；你會因為孩子變成一個細膩、冷靜而又溫柔的人。

## 互動引導和填寫 ❶❹：孕期準備

如果你準備開啟接下來內容的填寫，恭喜你，你的人生即將迎來一個重要的、新鮮的變化。

寶寶的預產期：

寶寶的性別：

寶寶的名字：

身高（cm）：

孕前體重（kg）：

孕期 BMI：

理想增重區間（kg）：

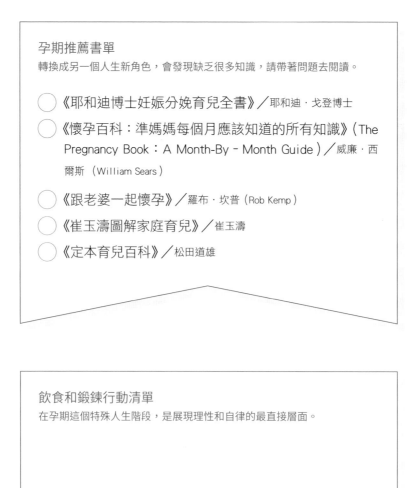

孕期推薦書單

轉換成另一個人生新角色，會發現缺乏很多知識，請帶著問題去閱讀。

○ 《耶和迪博士妊娠分娩育兒全書》／耶和迪·戈登博士

○ 《懷孕百科：準媽媽每個月應該知道的所有知識》（The Pregnancy Book：A Month-By - Month Guide）／威廉·西爾斯（William Sears）

○ 《跟老婆一起懷孕》／羅布·坎普（Rob Kemp）

○ 《崔玉濤圖解家庭育兒》／崔玉濤

○ 《定本育兒百科》／松田道雄

飲食和鍛鍊行動清單

在孕期這個特殊人生階段，是展現理性和自律的最直接層面。

## 好習慣養成器

寫本書的初衷是幫助每個讀者成長，直到這一節，我意識到本書的意義會比我想像的更大。因為大部分讀者也會像我一樣，孕育自己的孩子。從生育那刻起，成長不再是你一個人的事情。

我的女兒出生於 2012 年 12 月。第一次當媽的人都一樣，育兒的每一天、每一件事都可能是在試錯。孩子只能成長一次，我們永遠無法知道，重新來過會有什麼不一樣的結果。如果我曾在某個時間換一種教育方式，她現在會有什麼不同？但我知道，如果我現在換一種教育方式，她將來一定會不同。

所以我生下她後做的第一件事，就是把自己作為參考樣本，努力回憶我小時候的喜怒哀樂及其產生的原因，回憶我童年的哪些事對今天的我產生了深遠的影響。我至少可以先在女兒身上做好這些事 ❸。

### 第一個結論

> 我思考後的第一個驚人結論——在童年時期養成的習慣，給一個人的一生帶來的影響是巨大的，甚至可以說是決定性的。

如果以時間為橫座標，每天的習慣好壞程度為縱座標，對時間軸進行積分，最終的面積結果就是一個人一生的成就總量，你會發現，人與人之間一點點習慣上的小差距，在歲月的作用下，造成的差距是如此的巨大。

---

註 ❸ 王瀟，《三觀易碎》
2016 年出版的《三觀易碎》裡，我在致女兒書中分享了自己的兩個童年缺口：一是愛好沒有得到施展，二是對權威的無條件屈服。

我特別認同教育界的一句話：

播種動機，可以改變行為；

播種行為，可以收穫習慣；

播種習慣，可以培育人格；

播種人格，可以掌握命運。

所以我在育兒上的一個深刻認知是：我要幫女兒播種終身受益的習慣。

在女兒五歲的時候，我認為時機成熟了，為月度計畫表格設計了習慣追蹤表格，叫作「HABIT TRACKER」。這個表格顏色活潑、紙張大而厚，被貼在我家門上。表的左側欄目寫著女兒每天要做的事，右側對應日期，每天在做完的事項後打勾。打勾這個動作一定要由她親手完成，我希望在她 5 歲的時候，就將完成的滿足感，深深地印刻在人生的最初記憶裡。

每個月有了這樣一張 HABIT TRACKER，女兒就獲得了可視的人生時間橫座標，縱座標上的項目將累積出她興趣與能力的主要組織方向。這些項目需要我來參與引導和選擇。當時間累積到一定程度，譬如說以一年為單位，我就可以透過比對女兒打勾過的項目總時間，和她整體能力提升變化的結果，來了解女兒的天賦和發展方向。

當然，為了示範和參與，我也在 HABIT TRACKER 上做任務打勾，而且每天誠實講解我做了什麼、做了多久，然後興奮地宣布打勾這件事，讓女兒看到我以此為樂、為此自豪。我很高興的是，女兒從一開始就喜歡打勾，這裡面也許有遺傳的因素，但我相信，時間長了，「時間看得見」這個概念對孩子來說，會比在我們成年人身上展現得更深刻。

**September**
— HABIT TRACKER —
努力做好規劃集，然後平靜對待一切發生

| HABIT | 01 | 02 | 03 | 04 | 05 | 06 | 07 | 08 | 09 | 10 | 11 | 12 | 13 | 14 | 15 | 16 | 17 | 18 | 19 | 20 | 21 | 22 | 23 | 24 | 25 | 26 | 27 | 28 | 29 | 30 |
|---|---|---|---|---|---|---|---|---|---|---|---|---|---|---|---|---|---|---|---|---|---|---|---|---|---|---|---|---|---|---|
| | | | | | | | | | | | | | | | | | | | | | | | | | | | | | | |

## 第二個結論

> 對於女孩，破除性別的限制，就是破除她更多選擇的限制。

在有了 HABIT TRACKER 之後，你應該挑選什麼樣的項目來進入孩子的日常呢？

我特別感謝我爸媽的一點，就是從小他們並沒對我提過類似「女孩子做這個工作太累」「女孩子找個安穩的工作就可以」「女孩子要早點結婚」這樣的要求，為長大後的我節省了很多破除自我性別障礙的成本。

在意識到這點之後，我和女兒之間的交流也發生了變化。像是在女兒三歲時，她回家告訴我：「男孩子是要穿藍色衣服的，不穿裙子，女孩子是要穿粉色衣服的，還要穿裙子。」我就很認真地告訴她：「女兒，男孩子和女孩子，都可以穿所有顏色的衣服，只要自己喜歡，男孩子也可以穿裙子。」

在這個談話之後，女兒會開始告訴我，她早上要穿黑色衣服上幼稚園，在那之前，她是一個愛穿粉紅色衣服的小女孩。我之前以為她天生喜歡粉紅色，後來才明白，她是受到這類口語的影響，她認為自己是小女孩，應該穿粉紅色。我內心暗暗對這種影響表示震驚，想起西蒙·波娃（Simone Beauvoir）的那句話：「女人不是天生的，而是被塑造成的。」

所以在選擇女兒的習慣培養和學習項目時，我的第一個出發點是去除性別障礙。女孩子不是只適合學習繪畫、跳舞、彈琴，不是一定喜歡洋娃娃、扮家家酒，她也可以玩恐龍和機器人，只要她是人類的一員，就可以學一切人類可能感興趣的東西。

還有一點，就是一定要將體育鍛鍊和參與比賽，作為日常習慣來培養，這是一生的巨大財富。我在上小學時身體柔軟，上中學以後，在體育老師的帶領下，成為一名體育愛好者。這些基礎與體能的提升，帶給我的自信一直持續到今天。

因此我將跆拳道、游泳、足球項目都拿給女兒選擇，她一旦選了我就鼓勵她參加，讓她體驗這些體育活動帶給她的快樂，讓這些快樂寫入她童年的記憶裡。

## 第三個結論

*讓孩子自己制定目標，並體驗做選擇和做決定的感覺。*

在女兒的 HABIT TRACKER 表格上，最左側的任務選項，不是由我來做全部的決定，她自己也要參與其中。當我回憶起小時候，還能記得我自己做決定時的快樂，和被父母強制選擇時的痛苦。每當女兒選好一個項目時，我會再追問她一句：「你決定了嗎？這是你選的哦？」直到女兒回答：「我決定了。」

我希望未來她在做各種重要選擇時，內心也會浮現出「我決定了」

這句話，懂得它代表的意義。只有當她意識到是自己在做選擇，而不是別人為她做選擇時，才會為自己的選擇負責。這真的是重要的人生時刻。

我發現，我無法避免把自己的生活經驗和個人好惡，加入女兒的訓責引導之中。一些我認為不在目標內的事情，女兒也許會認為是重要的，和每天應該完成的。例如女兒為自己設定的任務，包括每天學習辨認節奏卡。從我的角度來看，這項技能和學習時間可有可無，但是女兒自己很重視，每天完成後會非常快樂地打勾。

關於快樂，人們的定義各不相同。所以，放手讓孩子來定義什麼是快樂。我只能定義我的快樂，不應該干預別人的快樂。人生的真諦，就是發現屬於自己的快樂，然後追求它。

## 第四個結論

*父母最擅長引導孩子的領域，恰恰是自己擅長的領域。*

女兒的 HABIT TRACKER 左側項目裡，有彈鋼琴、學習節奏卡、學字母、學數字、繪畫、講故事、游泳等。當然，所有這些日常項目，都是為了培養她從微小累積的習慣，希望她能從中發現自己的天賦或興趣。我本人完全沒有音樂天賦，面對鋼琴一籌莫展，需要鋼琴老師上門來教學。女兒參加了周末畫畫班，她特別喜歡去上課。但她最愛我和她一邊交流一邊繪畫，成果也最顯著。我認為女兒已經在畫畫中體驗到心流時間，這種體驗是貫穿一生的財富。

我因此還思考了一個問題，這個世界上，父母對子女的教育，才是絕對既無保留，又能根據孩子的情況進行的一對一教育。過去我們常說子承父業，看似老生常談，卻是效率最高的教育模式。父母最擅長引導孩子的領域，恰恰是自己擅長的領域。

無論父母是不是有著「這行太苦了，孩子可不要步我後塵」的想法，一般都有讓孩子在此領域顯著高於平均水準的能力。這種自幼的一技之長給孩子帶來的自信和勝任感，可以在未來延續很久。所以我要將我擅長的繪畫多教給她一些，她也必定會進步得更快，這與對繪畫的興趣和掌握的畫畫技能，在以後是否可以用來謀生、是否會辛苦、學藝術要花多少錢，都沒有什麼關係。

## 第五個結論

*和孩子一起玩必須很投入，不能敷衍。*

　　我和先生的 HABIT TRACKER 左側還有一項，叫作「陪女兒」。

　　父母必須言傳身教當榜樣，希望孩子做到的事自己要先做到，想讓孩子成為的人，自己要先成為。這已經是真理了，不需贅述。

　　但是一直當孩子的行為準繩，時刻注重其規矩、成績和禮貌，那真是太壓抑了，這些是我關於童年的不好回憶。輪到我做父母的時候，我認為父母除了是教育者，還要是孩子成長的參與者和體驗者。而且在我有了女兒以後，更是發現大人只是生得比較早、經歷比較多，在看待世界的格局上，並不比孩子更優越。跟隨孩子的目光重新打量，大人世界司空見慣的美醜、好壞、階層高低都會被重組，和孩子一起參與和體驗，對大人也是有益的。

　　陪孩子的時候如果不投入，都是假的，他們也知道。所以一起玩時，你要先代入幼童時期的自己。對她來說，此刻正在玩的遊戲就像你正在辦的大事一樣重要，因此無論你覺得遊戲多幼稚，都應盡量進入狀況中。

　　我會和女兒用心地去捏一塊黏土，搭一組積木，在這個過程中，一起編個幻想的人物故事。我基本上每次都用盡全力去呵護那塊黏土和積

木房子，怕弄壞了作品，因為我們一致認為它們很寶貴。在這個時候，我們會覺得彼此是真正的好朋友，經歷同樣的故事，有同樣的審美觀，互相了解、心靈相通。

## 第六個結論

*保持情緒穩定，讓情緒穩定成為一個習慣。*

其實，作為父母，我們還可以在 HABIT TRACKER 的左側，默默加上一個項目，就是一個「穩」字。

我回憶起小時候，我家每逢大事都有「靜氣」，每逢小事也有「靜氣」。但是我爸太嚴厲，這樣不好，我會覺得我爸對我一直不滿意，導致我在家行動不舒展、不自如。後來我創業了，這個「靜氣」繼承下來就成了正面特質，所以我決定沿用，但要改成輕鬆舒展的版本。

讓孩子認為父母具有不驚慌、不著急、不壓抑、不生氣的特質是非常重要的。所有事情都講究氛圍，家裡更是。遇到事情，要為孩子示範出一種先面對後解決的反應慣性：「這個事情不是大事，讓我想個辦法吧。」

當孩子發脾氣和失去耐心的時候，你的應對措施也很重要，因為你家的溝通方式，會奠定她未來與別人溝通的方式。父母也是人，實在控制不住時，去 HABIT TRACKER 看一眼──穩。訓練有意收斂驚慌、積極思考對策的習慣，能夠有助於一個人保持表面冷靜，在未來成長為領導者和決策者。

不過這個領導者和決策者，是針對我自己的意願而言，我對女兒的未來，並沒有非常具體的期待。我當然希望她能獲得尊嚴與自由，能按自己的意願過一生。但是，第一，這不現實；第二，這取決於我的能力對她的支持和保護，這個能力目標又反過來決定，我應該是一個情緒穩

定並能控制局面的人。

　　可見，每一個孩子，包括曾經的我和現在的女兒，對原生家庭都沒得選。原生家庭是註定的，我們會從這裡出發，帶著好的或者不好的影響。在自己的成長中，甚至到下一代的成長中，才有機會去修正這一切。

　　重要的是，我們在每一天、每一步上都有意去修正，漸漸接近目標。播種動機，可以改變行為；播種行為，可以收穫習慣；播種習慣，可以培育人格；播種人格，可以掌握命運。

## 互動引導和填寫 ⑮：習慣養成

　　以上是從育兒角度出發的經驗，而關於習慣塑造人格的結論，同樣也適用於我們大人。大多數與極少數的分野，習慣是一個被低估的影響因素。正是日常的習慣，塑造了我們每人每一天手裡二十四小時的使用方式。

　　生活的質感，往往取決於日常的質感。日常不變，結果就不會變。而一旦有了一個新的改變，會發現自己踏入一段漸進的演化迭代，將收穫一連串微小的勝利與突破。以下填寫內容，將是一次潤物細無聲的演進之旅。習慣已經養成的特徵是，不管任何情況，你依然會採取這種堅定的、明確的行為。

## * 挑選習慣進入你的日常

　　日復一日地做著對的事，你也會慢慢學會建立人生態度，有想做的事，就會付諸行動，而不是喊口號而已。柏拉圖曾說：「自制是一種秩序，一種對於快樂和欲望的控制，自律像開關，可以打開人生的亮點！」以下是一些習慣養成的選項。

## 早起幹大事

| | | | |
|---|---|---|---|
| 早起運動 | 吃營養早餐 | 認真刷牙 | 做拉伸 |
| 整理床鋪 | 早自習 | 晨間閱讀 | 早起喝杯水 |
| 按時起床 | | | |
| | | | |

## 上班這件事

| | | | |
|---|---|---|---|
| 站著辦公 | 認真喝水 | 按時吃飯 | 保持情緒穩定 |
| 保持正確坐姿 | 做眼球保健操 | 午間拉伸 | 午間小睡 |
| 制訂今日計畫 | | | |
| | | | |

## 宅家日常

| | | | |
|---|---|---|---|
| 看電影 | 在家健身 | 做飯 | 記錄生活 |
| 與親人視訊通話 | 澆花 | 打掃房間 | |
| | | | |
| | | | |

## 理財日記

| | | | |
|---|---|---|---|
| 定期儲蓄 | 定額投資 | 列購物清單 | 做消費計畫 |
| 記帳 | | | |
| | | | |

## 想要完美身材

| | | | |
|---|---|---|---|
| 散步 | 跳舞 | 飯後靠牆站立 | |
| | | | |
| | | | |

## 持續寫作

| | | | |
|---|---|---|---|
| 寫 500 字 | 紀錄今日感覺 | 觀看一部好電影 | 嘗試新鮮事物 |
| 冥想 | 閱讀 | | |
| | | | |

## 認真護理

| | | | |
|---|---|---|---|
| 仔細卸妝 | 每日防曬 | 擦乳液 | |
| | | | |
| | | | |

## \* 為每個習慣安排一段時間

保持耐心，堅定你的步伐，每天做好一件事就能帶來驚人變化。向富蘭克林學習，在一段時期內集中精力只養成一個習慣。

01:00 ———————————  13:00 ———————————

02:00 ———————————  14:00 ———————————

03:00 ———————————  15:00 ———————————

04:00 ———————————  16:00 ———————————

05:00 ———————————  17:00 ———————————

06:00 ———————————  18:00 ———————————

07:00 ———————————  18:00 ———————————

08:00 ———————————  20:00 ———————————

09:00 ———————————  21:00 ———————————

10:00 ———————————  22:00 ———————————

11:00 ———————————  23:00 ———————————

12:00 ———————————  24:00 ———————————

## 為孩子的夢想添翼

「所有的大人都曾經是小孩，雖然，只有少數人記得。」一個小孩是如何長成大人的？一個小孩無邊又勇敢的夢想，是從哪一天開始降落在地表，然後無聲無息滑進人海中的？如果你曾是那個小孩，你還記得嗎？如果你有一個小孩，你會守護他嗎？

人類在孩童時期最不畏懼世界的廣袤，相信可以成為任何人，去到任何地方。後來的事情長大就知道了，我們在過程中受到各種打擊和禁錮，然後眼看那些期許漸漸塌陷，最後好像只能成長為一個不過如此的大人。但我們也都在過程中親眼見到，總有人依然在腦中保留著火種，一直緊緊握住那種叫作夢想的東西，直到這不熄的光亮把人與人區別開來。

事情就是這樣，總是極少數的人在堅持相信和維護火種，其他人只能漸漸在夢裡撿拾關於童年願望的麵包屑，做一個嘲笑「夢想」的大人。幫助孩子保留火種的方式，就是像孩子那樣去描述它，相信它，寫下來後一遍遍地去翻閱它。讓火種穿過歲月，還能在我們心中燃燒。

保留孩子火種的過程，可以分為三個階段：

### 1. 用角色啟蒙願景

所有兒童讀物都在提供最初啟蒙的願景，對應著孩子最想成為的那個角色。如果是英雄，就拯救世界，是超能力者，就幫助他人，是戰士，就勇敢戰鬥。孩子最早的範本都有出處，給孩子角色讓他挑選，然後鼓勵他扮演。很多還不曾擁有的能力和特質，都是從模仿和扮演開始的。

### 2. 幫助孩子整理和寫下願望

鄭重地和孩子一起寫下願望，是保留火種的開始，讓願景畫面在孩

子記憶中反覆出現。更有效地,是幫助孩子辨認出其中非常具體的、可操作的願望,讓孩子有希望實現第一次小達成,從而向正循環邁進。

### 3. 鼓勵孩子開展和記錄行動

　　激勵孩子去行動,而不僅僅是停留在想像。把夢想分拆為簡單的行動,再把行動調整成為最微小單位,是一切實現的本質。讓孩子去經歷分拆、行動和實現的整個過程,再試圖全部記錄之。人是自己人生的創造者,當人們想要創造自己時,要能夠拿出關於自己的證據。記錄是回憶和講述的基礎,他會知道,事情是這樣開始的,也會是這樣達成的。

# 互動引導和填寫 ⑯：親子夢想版

我的夢想：

建立日期：

建立年齡：　　　　　　　　　　實現年齡：

| 我最喜歡做的事情 | 我最不喜歡做的事情 |
|---|---|

| 我最喜歡的朋友 | 我最想成為的角色<br>（真人或虛構形象） |
|---|---|

| 最想擁有的超能力 | 我長大後的世界是什麼樣子 |
|---|---|
| 我會成為這個未來世界裡的什麼人 | 我在未來世界每天做什麼 |
| 我會長成什麼樣子 | 會有多少人愛我 |
| 想和誰做朋友 | 最想去哪裡旅行 |

**\* 為了實現夢想，願意做的事情**

學習內容

起床時間

睡覺時間

閱讀時間

鍛鍊時間

* 如果明天就變成大人，最想要做的三件事

## 打造財務安全感

通常在新年來臨的時候做人生計畫，99％的願望出發點叫作現實，但從心情和心態上，出發點來自馬斯洛理論，在溫飽之上都會叫安全感。安全感大家都不陌生，缺乏安全感的體驗就更不陌生了。如果安全感滿足，我們就會覺得愉悅、平靜；如果不滿足，自然覺得焦慮、崩潰。

我們需要研究、面對，才能解決。我會問自己兩個問題：

第一個問題是，我上一次感覺到強烈的不安，是在什麼時候？

第二個問題是，我在前半生裡感覺到強烈的不安，是在什麼時候？

我可以從自己的故事，總結出安全感缺失的時刻：第一個是當我們被從熟悉推向陌生的時候，覺得不安全。第二個是當我們被從確定、可控，推向不確定、不可控的時候，覺得不安全。

那麼該怎麼辦？我們如何在不安全裡得到安全？我和趁早團隊一直在構思如何幫助大家克服不安。在意願和目標之間，都需要擁有方法論和工具。2017 年推出理財季，2018 年推出理財手冊，2021 年在五種時間體系已經成熟的前提下，推出賺錢時間一百天。

表現形式是更迭的，但樸素觀點是永遠禁得起考驗的。如果你依然置身於社會與金錢的這場交互遊戲中，以下這些觀點不妨一看。

1. 人生自由是從財務自由開始的，在財務自由之上，才會有時間自由和靈魂自由。
2. 財務自由是從財務獨立開始的。對於職業婦女而言，財務獨

立是透過工作兌換價值，獲得收入，讓自己能夠養活自己。

3. 財務自由是分層的，首先從樓下超商開始，稱之為 7-11 自由。再往上是大賣場財務自由、旅行財務自由、商務艙財務自由，還有一層就是子女上學的財務自由，最後是居住地遷徙自由。

4. 財務獨立意味著可以不依賴任何人活下去。財務自由就是能夠按自己的意願過一生。

5. 學習金融和理財知識的目標是，不管自己屬於哪一種類型，都能有辦法把現在的錢和未來的錢處理得更好，最終實現自我實現。

6. 盈餘殖利率＝外貌；產品類型＝性格；底層資產＝身體素質；發行機構＆交易對手；提高信用評分＝朋友圈；歷史表現＝過往成長和戀愛史。選擇理財產品和考察男朋友其實是一個邏輯。

7. 選擇理財產品就跟選男友一樣，大概可以分為兩種：第一種是穩中有進的低風險偏好型，可以選擇固定收益類。第二種是波瀾壯闊的高風險偏好型，驚喜與驚嚇並存。不同類型男朋友不能同時配置，理財產品卻可以。關鍵是，認清自己的風險偏好。

8. 就像我們在尋找人生伴侶的時候，要杜絕不誠實、三觀不健全、不穩定、找不到方向的渣男一樣，選擇金融產品，一定要規避一些明顯不健全的產品。像是誇大宣傳、不誠實披露底層資產、虛假提高信用評分、增信主體資質未達標準等。不要被高顏值蒙蔽而愛上渣男。

9. 第一桶金是財務自由上的第一個里程碑，先有方向才能到達。第一桶金的定義因人而異。如一個規律工作收入穩定的

人，有改變目前工作狀態的計畫，應該有 6 個月甚至更長的生活成本作為第一桶金。這樣可以給自己一段時間去規劃和實施下一個人生目標，成為今後一個躍進的起點。

10. 按照管理公司的方法去管理個人財務狀況。透過三張表格：個人資產負債表、收支儲蓄表和財務診斷表推斷自己的財務狀況。了解自己，是理財的第一步。

11. 收入來源分為主動收入和被動收入（財產性收入），被動收入占總收入的比例為財富自由度。想要儘早實現財務自由，就要盡量提高被動收入。

12. 年輕人使用資金一定要有所規劃，因為資金的使用都是有機會成本的，要衡量如何規劃最適合自己，給未來最大想像空間。

13. 財務健康是婚姻品質的基石。婚後建議注意盤點家庭收入、預計家庭支出、分配各自財務角色、資產併表管理。用子公司併表管理的方法管理老公的資產。

14. 要孩子前，考慮清楚孩子出生之後，家庭收入是否有巨大變化，家庭支出成本如何增加，生活方式如何變化（如換房換車），並根據上述變化調整家庭的資產配置。

## 互動引導和填寫 ⓱：財務管理

　　財富的正向增長是創建正向生活的重要組成部分。從現金流的方式，了解自己，嘗試填寫個人資產負債表、收支儲蓄表和財務診斷表這三張表，是個不錯的選擇，並且常常更新。你越有所關注，才越有可能趨近理想。

## * 個人資產負債表

| 資產 | | | |
|---|---|---|---|
| | 項目 | 現值金額 | 占總值比例 |
| 金融性資產 | 現金／各種電子支付餘額 | | |
| | 活期／定期存款 | | |
| | 短期債券（一年以內到期） | | |
| | 保險 | | |
| | P2P | | |
| | 應收借款 | | |
| | 流動資產合計⑴ | | |
| | 股票 | | |
| | 長期債券（一年以上到期） | | |
| | 期貨 | | |
| | 房地產投資（非實物） | | |
| | 基金 | | |
| | 非流動資產合計⑵ | | |

| | 項目 | 現值金額 | 占總值比例 |
|---|---|---|---|
| 實物性資產 | 實物房產 | | |
| | 交通工具 | | |
| | 收藏品 | | |
| | 家具／電器 | | |
| 無形資產(5) | 專利 | | |
| | 商標 | | |
| | 著作權 | | |
| 其他資產 | 遺產 | | |
| | 捐贈 | | |
| | 贍養費 | | |
| 合計 | 總資產 | | |

| 負債 | | | |
|---|---|---|---|
| 項目 | 現值金額 | 占總值比例 |
| 信用卡帳單餘額 | | |
| 分期付款餘額（一年內到期） | | |
| 個人借貸 | | |
| 短期借款 | | |
| 流動負債合計(3) | | |
| 房屋貸款 | | |
| 汽車貸款 | | |
| 留學貸款 | | |
| 助學貸款 | | |
| 長期負債合計(4) | | |
| 合計總負債 | | |

| 淨值（淨值＝總資產－總負債） | |
|---|---|
| | |

註釋：

(1) 流動資產是指一年內能變現的資產。

(2) 非流動資產是一年以上能變現的資產。

(3) 流動負債是指一年內要償還的借款。

(4) 長期負債是償還期限在一年後的借款。

(5) 無形資產指不具有實物形態的，很可能給你帶來經濟收入才能算作無形資產。無形資產的計價需要預估專利、商標、著作權未來能給你帶來的收入，然後折現到現在。

## * 收支儲蓄表

| 年收入 | | | |
|---|---|---|---|
| | 項目 | 金額 | 占總收入比例 |
| 勞務報酬 | 稅後薪資 | | |
| | 稅後年終獎金 | | |
| | 住房公積金 | | |
| | 其他勞務報酬 | | |
| 投資理財收入 | 利息收入 | | |
| | 股票收入 | | |
| | 房租收入 | | |
| 其他 | | | |
| 合計 | 總收入 | | |
| **年支出** | | | |
| | 項目 | 金額 | 占總收入比例 |
| 生活支出 | 基本生活支出 | | |
| | 贍養老人 | | |
| 休閒 | 旅遊 | | |
| 投資理財收入 | 住房貸款月繳 | | |
| | 股票貶值支出 | | |
| | 其他損失支出 | | |
| | 人壽保險和醫療保險 | | |
| 其他 | | | |
| 合計 | 總支出 | | |
| 結餘 | （總收入－總支出） | | |

## * 財務診斷表

| 能力診斷 | 財務比率 | 定義 | 比率 | 合理範圍 | 健康與否 |
|---|---|---|---|---|---|
| 償債能力 | 資產負債率 | 總負債／總資產 | | 小於 50% | |
| | 流動比率 | 流動資產／流動負債 | | 6 ～ 12 倍 | |
| | 負債收入比率 | 總負債／總收入 | | 小於 40% | |
| 盈餘能力 | 結餘比率 | 結餘／總收入 | | 大於 30% | |
| 財富增值能力 | 平均投資報酬率 | 理財年收入／本金 | | 4% ～ 10% | |
| 財務自由度 | 財務自由度 | 理財年收入／年支出 | | 大於 50% | |
| 應急能力 | 緊急預備金倍數 | 流動資產／月支出 | | 3 ～ 6 倍 | |
| 保障能力 | 保障負擔率 | 年保費／年收入 | | 5% ～ 15% | |

根據上表，評估自己的償債能力、財富增值能力等是否達成目標，對資產負債率、負債收入率、結餘比率等財務比率進行計算，根據其數值是否在合理的範圍內，判斷財務健康狀況。

註釋：

⑴財務診斷表的數據是根據前兩張表來填寫的。

⑵年收入、年支出都根據「過去 12 個月」的總收入、總支出來填寫。

⑶填寫計算完以後，根據合理範圍來判斷自己的財務狀況健康與否，健康打個鉤，不健康打個叉。

# 智慧時代最全面的時間管理系統

　　在過去的十二年中，我出版過幾本書，這些書都是關於尋找人生目標、探討抵達方法的。另外，我還創立一個文創品牌名為趁早，一個行為養成平台叫作趁早行動，都是為了解決用戶的時間管理問題和習慣養成問題。在趁早行動的營運過程中，我還和團隊一起觀察了上百萬人的行動，求證是哪些規律和方法論，在人群中持續發生作用，讓他們終於展開行動，達成目標。

　　2018 年，我開始在全國巡迴分享五種時間的時間管理體系，這個體系受到很多人的歡迎，也改變了很多人的生活。

　　2020 年《五種時間》出版，這套思維方法以文字的方式被更多人讀到。這個五種時間的誕生，是源自於趁早效率手冊使用者的需求，讓我和團隊在過程中獲得了新的使命。

　　比起趁早效率手冊，五種時間手冊的內頁邏輯非常簡單質樸。展開每天的頁面，你會看到設計師用線條把空白分成了五個區域，它們分布在頁面上方、中間和下方。

　　你可以用這本手冊，打破舊有分類，你的任務就是不斷地辨別，當下的生活事件對你來說，屬於哪一種時間類型。

　　這是一個非常重要的練習。通常，在五種時間線下課中，我們會安排一個小組互動遊戲，把日常中常見的事情寫到卡片上，然後請同學們來分辨，卡片上的各類事情屬於哪種時間。這個環節的重點是，先覺知自己正處在哪種時間裡，再確認這種時間是不是自己的選擇。

形成一種習慣，要有意識地分辨，在做一件事的時候，先思考一下它到底屬於哪種時間，再根據自己的花園模型做出決定。

　　值得重申的一點是，一開始的記錄，還不會讓我們成為時間管理的高手。可能你會增加新的挫敗感，會發現竟然花時間做了這件事情。

　　這就是覺知辨別的目標，把五種時間效率手冊當作是一個事件流的過濾器。在這個階段，你的任務就是不斷地覺知，不斷地辨別，不斷地細膩調整。

## 互動引導和填寫 ⑱：分配時間流

　　我們都希望能掌控人生，而人生發生在一段段具體的時間裡，我們進行時間管理，是為了創造新的人生秩序。時代更迭的速度，早已超越時間管理體系更新的速度，趁早提出了「五種時間」體系，用以解決智慧時代下面對的新問題。

　　打破舊有時間分類，以五種時間理論重新審視每天的二十四小時；建立時間花園，整座時間花園就是你一天的使用時間，每天耕耘，等待收穫。

## * 盡可能多而全面列出現在你生活中的事件

辨認每個事件屬於哪一種時間類型

生存時間

好玩時間

好看時間

賺錢時間

心流時間

# * 你的最佳時間配比

透過觀察、覺知，調整出適合你的最佳時間配比，以及這個時間配比下的生活方式。

| 生存時間 | 好玩時間 | 好看時間 | 賺錢時間 | 心流時間 |
| --- | --- | --- | --- | --- |

# 夢想與成長，至死方休

「我要扼住命運的喉嚨！」

「命運給我什麼，我就接受什麼。」

一直以來，我不停地反覆聽到以上兩種觀點：一種相信人生可以透過執行計畫過得更好，理想生活裡各部分都可以找方法達成；另一種認為這樣的人生太累太苦，如果沒有運氣與大勢，努力也是徒勞，不如走哪算哪，與世無爭。無論哪種，都有各自陣營，各有一套老生常談方法論，以及分別可根據關鍵字搜索到不只十萬篇文章。

第一種的關鍵字經常叫作「自律」，第二種叫作「階層板結」。好像還有第三種，在順境時意氣風發地相信第一種，一旦經歷挫折又自動進入第二種，將信將疑，走走停停。

一開始，我很懵懂，但願意選擇相信第一種，因為第一種讓人覺得能做點什麼，畢竟日子在往前過，跑一段看看能到哪裡也不錯。當然過程裡充滿小失敗，但也有小成功，這些小成功讓我想繼續印證，到底什麼是讓願望實現的規律。久而久之，我成為徹底的第一種人。

透過觀察親朋好友，我也發現了一個顯而易見的現象——以十年為期，越是相信人生可以塑造的人，都不同程度地按各自理想模型抵達了新的人生，從肉身到格局，有的人簡直脫胎換骨；認同隨遇而安的人，也並沒有真的都維持在原狀，大多在全無準備的情況下，被指派了新的角色。

隨遇而安是美好願望，但隨著境遇會取得的狀態，不總是安寧，也

有被動選擇的不情願。時代奔騰像逆水行舟，人與事都不存在原地不動。你會看到，真正是求仁得仁，你相信什麼，你最終就得到了什麼。我是指真正的相信。

這本書，寫給那些依然相信的人，也寫給那些遇到阻礙和失敗後將信將疑的人。是的，我堅定地相信，人生當然可以計畫，願望也可以漸次實現，但絕不是只有「努力」、「自律」和「時間管理」這麼簡單；階層在人類生活中一直都存在，也一直在流動，但這本書所探討的事，比如何做到階層向上流動要廣闊。

在過去七年中，我將所有達成所願的規律歸納為各種步驟，又把步驟製成表格。這些表格覆蓋各種人生場景，印刷在紙張上，變成了一個文創品牌。在這本書裡，我寫了很多使用表格之前的準備工作，因為「努力」和「自律」只是其中的一個重要步驟，而「時間管理」則屬於另外一個步驟，所有步驟組成了一個有機的系統。

第一步和第二步，講述非常必要的準備工作和認知儲備。進入步驟時的認知基礎相當關鍵，如果不懷著勇氣、好奇心和極大的熱情，不打算展開整個命運地圖向下俯瞰，不準備打通全部關卡，那麼循著慣性轉動的努力和自律就沒有意義。很多人的問題，是直接把努力和自律理解成全部，戰術勤奮其實是一種隱蔽的懶惰。

即使當你認真讀過書裡的每一個步驟，並努力把方法應用於現實生活中時，你還是會常常問起那個永恆的問題：到底有沒有命運？我到底能改變命運到什麼程度？

最終的命運，都指向肉體死亡，在那之前，你可能既無法像天才一樣扼住它的喉嚨，也無法全然接受它給你的一切。即使你曾想過隨遇而安，也會抗拒其中那些壞的部分。而既然最終的命運都是肉體的死亡，我們共同的敵人就不再是命運，是有限人生裡意義缺失的虛無，和對一成不變的厭倦。既然我們不能決定生死，生死就都不是大事，盡興活

才是。

　　生活可以是任何樣貌，但不是你和任何一方的角力。你的使命不是在和蹺蹺板對面的任何事物在上上下下地調整中找平衡。生活不是玩蹺蹺板，只有道路，你得出發，去往一個地方。在有限的生命裡，你認為最寶貴的事，就會往前放、會先解決。過去持續的優先選擇，造就了今天的你。

## ·年度目標·

| 年度目標： | | | |
|---|---|---|---|
| 1 月目標： | 2 月目標： | 3 月目標： | 4 月目標： |
| 5 月目標： | 6 月目標： | 7 月目標 | 8 月目標： |
| 9 月目標： | 10 月目標： | 11 月目標 | 12 月目標： |

## · 每日計畫 ·

DATE

M T W T F S S

Record flashing moments
of inspiration. 紀錄閃現的靈感

"

TODAY'S TOP 3
GOALS 每日目標

☐ ......................
......................
......................

☐ ......................
......................
......................

☐ ......................
......................
......................

TO CONTACT 溝通任務

TODAY'S SCHEDULE 今日行程

6:00 _____

7:00 _____

8:00 _____

9:00 _____

10:00 _____

11:00 _____

12:00 _____

13:00 _____

14:00 _____

15:00 _____

16:00 _____

17:00 _____

18:00 _____

19:00 _____

20:00 _____

21:00 _____

22:00 _____

WATER CHART 飲水量

B 早餐
BREAKFAST

L 午餐
LUNCH

D 晚餐
DINNER

S 零食
SNACKS

BODY 鍛鍊計畫

TOTAL MINUTES 分鐘

SOUL 學習計畫

MONEY 理財計畫

SUMMARY 總結

## ·月度習慣追蹤·

| Habit | 1 | 2 | 3 | 4 | 5 | 6 | 7 | 8 | 9 | 10 | 11 |
|---|---|---|---|---|---|---|---|---|---|---|---|
|  |  |  |  |  |  |  |  |  |  |  |  |
|  |  |  |  |  |  |  |  |  |  |  |  |
|  |  |  |  |  |  |  |  |  |  |  |  |
|  |  |  |  |  |  |  |  |  |  |  |  |
|  |  |  |  |  |  |  |  |  |  |  |  |
|  |  |  |  |  |  |  |  |  |  |  |  |
|  |  |  |  |  |  |  |  |  |  |  |  |
|  |  |  |  |  |  |  |  |  |  |  |  |
|  |  |  |  |  |  |  |  |  |  |  |  |
|  |  |  |  |  |  |  |  |  |  |  |  |
|  |  |  |  |  |  |  |  |  |  |  |  |
|  |  |  |  |  |  |  |  |  |  |  |  |
|  |  |  |  |  |  |  |  |  |  |  |  |
|  |  |  |  |  |  |  |  |  |  |  |  |
|  |  |  |  |  |  |  |  |  |  |  |  |

| 12 | 13 | 14 | 15 | 16 | 17 | 18 | 19 | 20 | 21 | 22 | 23 | 24 | 25 | 26 | 27 | 28 | 29 | 30 | 31 |
|----|----|----|----|----|----|----|----|----|----|----|----|----|----|----|----|----|----|----|----|
|    |    |    |    |    |    |    |    |    |    |    |    |    |    |    |    |    |    |    |    |
|    |    |    |    |    |    |    |    |    |    |    |    |    |    |    |    |    |    |    |    |
|    |    |    |    |    |    |    |    |    |    |    |    |    |    |    |    |    |    |    |    |
|    |    |    |    |    |    |    |    |    |    |    |    |    |    |    |    |    |    |    |    |
|    |    |    |    |    |    |    |    |    |    |    |    |    |    |    |    |    |    |    |    |
|    |    |    |    |    |    |    |    |    |    |    |    |    |    |    |    |    |    |    |    |
|    |    |    |    |    |    |    |    |    |    |    |    |    |    |    |    |    |    |    |    |
|    |    |    |    |    |    |    |    |    |    |    |    |    |    |    |    |    |    |    |    |
|    |    |    |    |    |    |    |    |    |    |    |    |    |    |    |    |    |    |    |    |
|    |    |    |    |    |    |    |    |    |    |    |    |    |    |    |    |    |    |    |    |
|    |    |    |    |    |    |    |    |    |    |    |    |    |    |    |    |    |    |    |    |
|    |    |    |    |    |    |    |    |    |    |    |    |    |    |    |    |    |    |    |    |
|    |    |    |    |    |    |    |    |    |    |    |    |    |    |    |    |    |    |    |    |
|    |    |    |    |    |    |    |    |    |    |    |    |    |    |    |    |    |    |    |    |
|    |    |    |    |    |    |    |    |    |    |    |    |    |    |    |    |    |    |    |    |
|    |    |    |    |    |    |    |    |    |    |    |    |    |    |    |    |    |    |    |    |

## · 執行清單 ·

### 優先級清單

1. 

2. 

3. 

4. 

5. 

### 我的問題日誌

| Description ｜ 問題描述 | Action Required ｜ 解決對策 |
| --- | --- |
|  |  |

### 增長清單

增長
目標

時間

### 讀書清單

Book ｜ 書籍

Comments ｜ 書評

Rating ｜ 書籍

### 不做清單

## · 復盤清單 ·

### User Guide | 使用說明

### Analysis | 分析

原因 1：

原因 2：

原因 3：

原因 4：

### Summary | 經驗總結

### 目標回顧

項目名稱：

項目週期：

項目目標：

### 評估總結

項目目標
實際情況：

1

2

3

### To Do List | 行動清單

新的項目週期
　　月　　日—　　月　　日
新的項目目標
☐
☐
☐
☐

To Do
☐
☐
☐
☐

5

4

## ・待辦事項・

| Date ｜日期 | | Date ｜日期 |
|---|---|---|
| Top Priority ｜優先級 | | To Do ｜今日待辦 |
| ☐ | | ☐ |
| ☐ | | ☐ |
| ☐ | | ☐ |
| ☐ | | ☐ |
| ☐ | | ☐ |

| Reading ｜閱讀 | Exercise ｜體能 | Note ｜日誌 |
|---|---|---|
| | | |
| Family ｜家庭 | Flow Time ｜心流時間 | |
| | | |

| Date ｜日期 | Date ｜日期 |
|---|---|
| To Do ｜今日待辦 | To Do ｜今日待辦 |
| ☐ | ☐ |
| ☐ | ☐ |
| ☐ | ☐ |
| ☐ | ☐ |
| ☐ | ☐ |

| Note ｜日誌 | Note ｜日誌 |
|---|---|
| | |

· 為什麼清單 ·

---

Project │ 項目

---

Why

What

---

How

| | | | | |
|---|---|---|---|---|
| 100 START | 99 | 98 | 97 | 96 |
| 95 | 94 | 93 | 92 | 91 |
| 90 | 89 | 88 | 87 | 86 |
| 85 | 84 | 83 | 82 | 81 |
| 80 | 79 | 78 | 77 | 76 |
| 75 | 74 | 73 | 72 | 71 |
| 70 | 69 | 68 | 67 | 66 |
| 65 | 64 | 63 | 62 | 61 |
| 60 | 59 | 58 | 57 | 56 |
| 55 | 54 | 53 | 52 | 51 |

目前：_____

目標：_____

| 50 | 49 | 48 | 47 | 46 |
|---|---|---|---|---|
| 45 | 44 | 43 | 42 | 41 |
| 40 | 39 | 38 | 37 | 36 |
| 35 | 34 | 33 | 32 | 31 |
| 30 | 29 | 28 | 27 | 26 |
| 25 | 24 | 23 | 22 | 21 |
| 20 | 19 | 18 | 17 | 16 |
| 15 | 14 | 13 | 12 | 11 |
| 10 | 9 | 8 | 7 | 6 |
| 5 | 4 | 3 | 2 | 1 END |

# 自律複利手帳

| | |
|---|---|
| 作　　　者 | 王瀟 |
| 封面設計 | Bianco Tsai |
| 內頁排版 | 游萬國 |
| 特約編輯 | 羅煥耿 |
| 總　編　輯 | 陳毓葳 |
| 社　　　長 | 林仁祥 |
| 出　版　者 | 沐光文化股份有限公司 |
| 發　　　行 | 沐光文化股份有限公司 |
| | 台北市大安區安和路 2 段 92 號地下 1 樓 |
| 電　　　話 | (02)2805-2748 |
| | E-mail：sunlightculture@gmail.com |
| 印　　　製 | 呈靖彩藝有限公司　電話：(03)322-7195 |
| 總　經　銷 | 大和書報股份有限公司 |
| | 電話：(02)8990-2588　傳真：(02)2299-7900 |
| | 地址：新北市五股工業區五工五路 2 號 |
| | E-mail：aquarius@udngroup.com |
| 定　　　價 | 350 元 |
| 初 版 一 刷 | 2022 年 8 月 |

缺頁或裝訂錯誤請寄回本社更換。

中文繁體版通過成都天鳶文化傳播有限公司代理，由果麥
文化傳媒股份有限公司授予沐光文化股份有限公司獨家出
版發行，非經書面同意不得以任何形式複製轉載。

國家圖書館出版品預行編目 (CIP) 資料

自律複利手帳 / 王瀟著 .
-- 初版 . -- 臺北市：沐光文化股份有限公司，
2022.08
　面；　公分
ISBN 978-626-95577-5-2( 平裝 )

1.CST: 自我實現 2.CST: 生活指導
177.2　　111010034